口絵Ｉ　『石山大軍記』第1号
蓮如上人石山御堂草創シ玉フ

口絵Ⅱ　あみだ池
（『浪花百景』より）

口絵Ⅲ　真言坂
（『浪花百景』より）

口絵Ⅳ　高津
（『浪花百景』より）

口絵Ⅵ　森の宮蓮如松
（『浪花百景』より）

口絵Ⅴ　四天王寺
（『浪花百景』より）

（錦絵の画像はすべて大阪城天守閣提供）

『浪花百景』の画像は、図録『特別展　浪花百景―いま・むかし―』（大阪城天守閣、1995年）のほか、大阪府立図書館のサイト「おおさかeコレクション」の「錦絵にみる大阪の風景」（http://www.library.pref.osaka.jp/site/oec/nishikie-index.html）で見ることができます。

上町学を創造する　よみがえる古都おおさか

まえがき

アルド・レオポルドのいう生態学的な意味での「土地」という意味では、どのような「土地」にも太古以来の生態学的な歴史がある。しかし、本書が取り扱う「上町台地」という土地あるいは場所は、極めて特異な場所である。

国生み神話を生んだ上町台地は、太古以来の日本の歴史が幾重にも折り重なっているという意味で極めて特異な場所であり、歴史的・文化的遺産が豊富にある「宝の山」である。しかし、その魅力は、現代的風景の中に埋もれてしまっているのか、必ずしも理解されていないように思う。

学校法人追手門学院・追手門学院大学では、関西経済同友会と提携して、２００８年12月から２０１４年3月まで「上町学プロジェクト」事業を実施し、学院発祥の地である上町台地の魅力を、「古都おおさか」をキーワードに再発見し、様々な形でその魅力を発信してきた。

２０１１年4月に上梓した『上町学 再発見・古都おおさか』に続く第二弾として、本書を上梓するが、本書を手にとった一人でも多くの読者が、実際に上町台地の上に立って、目の前に見えている現在の風景の背後に、幾重にも重なって潜んでいる往古の目に見えない風景を感じ取り、上町台地の魅力を味わってくれることを願っている。

2015年2月

上町学プロジェクト委員一同

目次

Ⅰ 上町台地と古都おおさか……1
Ⅱ 難波宮の過去・現在・未来……15
Ⅲ 生々流転～古都おおさか……37
Ⅳ 上町台地と近代文学……73

Ⅴ そうだ　上町へ行こう……97
Ⅵ 豊臣家と大坂の陣……147
Ⅶ 歌舞伎の古都〜中寺町……173
Ⅷ 上町学から北摂学へ……195
あとがき……237

I

上町台地と古都おおさか

山本　博史

上町台地と古都おおさか

1．上町台地北端部と「大坂」「難波」

「上町」とは

我孫子台地・泉北丘陵にその南東部を接し、住吉大社あたりから大阪城あたりにかけて北北東方向に、南北約12キロ、東西幅2～2・5キロ、標高幅10～25メートルの洪積台地が、最終氷期直前の間氷期に形成されている。上町台地と称されるこの台地を大阪城天守閣館長の北川央は「大阪の背骨」と名付けているが、上町台地は、大阪市域の中央をほぼ南北に貫いているという地形的な理由から、まさに「大阪の背骨」ということができる。しかし、それは単なる地形的な理由から「大阪の背骨」であるというだけではない。森の宮遺跡に見られるように、縄文中期から連綿と大阪の歴史が営まれ、様々な文化が育まれてきたという意味で、この台地は「大阪の発祥地」であり、大阪の歴史的・文化的な背骨なのである。この上町台地の歴史的・文化的重要性を考えるために、まずは地名を切り口にしてみようと思う。

台地にも冠せられた「上町」という名称は、町名としては、実はずいぶん新しいものである。現在、中央区の上町交差点・玉造2丁目交差点・空堀町交差点・上本町1丁目交差点に囲まれた区域内に上町1丁目と上町Aが、また、上町筋西側の一角に上町Bと上町Cが存在するが、町名としての「上町」は、昭和19年（1944）に、当時の東区上本町1丁目の一部が改称されてからのものである。

しかし、「上町」という名称は、一定範囲内の地域を指す名称として江戸時代から使われていたようである。菊本賀保著『國花万葉記（六之一　攝津）』（元禄10年（1697））の「大坂大圖」の項には、「上町とは、京橋より大坂之入口、御太城之東のうしろより西は東堀とて高麗橋農人橋等の堀すじを限とす、此所は古より、住吉大江の岸の上すじなる故、東堀より西船場の地よりは町に坂有て岸通高し、故に上町と云うなり……（以下略）」とあり、また、江戸幕府最初の官撰地誌である関祖衡・並河誠所編『日本輿地通志畿内部』（享保20～21年（1735～36））に含まれる『攝津志』（三東生郡）には、「玉造町名三十、上町町名二十六」という記載がある。これらの記載を見るかぎり、「上町」とは、現在の町名「上町」の範囲とは必ずしも一致せず、大坂城の東から高麗橋・農人橋までの東横堀までの範囲の内、武家屋敷などを除いた比較的広い範囲の地域を指す名称であったと考えられる。そして、それは、慶長3年（1598）に開発された船場よりも標高が高いという地形的な理由から付けられた地域名称であったと考えられる。つまり「上町」とは、近世においては、上町台地北端に位置するある範囲内の地域名称であった。そのような小さな範囲を指し示す「上町」という地域名称が台地全体の名称に冠せられるからには、この台地北端部には何か重要な意味が潜んでいるように思われる。

「大坂」という地名

ところで、現在の大阪市は、明治・大正・昭和の3次にわたる市域拡張の結果、２２３平方キロの広大な面積となっているが、大坂という地名は、もともとは非常に狭い範囲の地名であった。明治維新後に、大阪が正式名称になったようであるが（それ以前は大坂・大阪が併用されていた）、大坂という漢字の地名は、よく知られているように、明応7年（１４９８）に本願寺八世蓮如が書き記した「御文」中に「ソモソモ當國攝州東成郡生玉ノ庄内大坂トイフ在所ハ……（以下略）」とあるのが文献上の初出である。この御文からは、生玉ノ庄（14世紀初めの文書に生魂新庄として初出）という荘園内の、さらに小さな地域が「大坂」と称されていたことがわかる。その地域に、蓮如は、明応５（１４９７）年、山科本願寺の別院として大坂御坊（後の大坂〔石山〕本願寺の起源）を建立したのであるが、その場所は、現在の大阪城公園内にあったと推定されている。大坂御坊が建立された頃の「大坂」は、上町台地北端に位置する生玉ノ庄という荘園内の小さな地域でしかなかったのである。

さて、生玉と聞けば、大阪人ならすぐに「いくたまさん（生國魂神社）」を念頭に思い浮かべるだろうが、現在、天王寺区生玉町に所在する生國魂《いくくにたま》神社は、豊臣秀吉が大坂城を築城する際に現在地に遷座したものであり、もともとは現在の大阪城周辺に鎮座していたと言われている。『日本書紀』（巻第25）孝徳天皇即位前紀に、難波長柄豊碕宮《なにわながらとよさきのみや》（前期難波宮）への遷都・造営に際し生國魂神社の樹木を伐採したために、「佛法を尊び、神道《かみのみち》を軽《あなづ》りたまふ。〈生國魂社《いくくにたまのやしろ》の樹《き》を斮りたまふ類《たぐひ》、是なり〉」とあるが、この記述から、生國魂神社が難波長柄豊碕宮の北側に近接していたことが推察できる。また、本願寺十世証如の『天文日記』（1536～54）の記述からも、生國魂神社が大坂本願寺に近接していたことがうかがえる。

徳川大坂城の前には豊臣大坂城が、豊臣大坂城の前には大坂本願寺が、大坂本願寺の前には難波長柄豊碕宮が上町台地北端部に所在していたわけであるが、大坂本願寺や難波長柄豊碕宮に近接する形で、しかも、それらよりも早い時期から生國魂神社が上町台地北端に鎮座していたことの意味は極めて大きいのではないだろうか（これについては後で述べる）。

「難波《なにわ》」という地名

難波長柄豊碕宮の冒頭にある「難波《なにわ》」。難波という地名を見れば、現代の大阪人は、キタの梅田に対するミナミの難波《なんば》をすぐに思い浮かべるであろうが、この地名も古く、しかも上町台地北端と関係がありそうである。

難波《なにわ》という地名の語源に関しては諸説あるが、『日本書紀』（巻第3）神武天皇即位前紀に、「……難波の碕《みさき》に到るときに、奔潮《はやなみ》有りて太《はなは》だ急《はや》きに会ふ。因りて名づけて浪速国《なみはやのくに》と為《い》ふ。」とあり、水の流れの速さが語源であるとしている。縄文前期には、上町台地は東の河内湾と西の大阪湾に挟まれ北の千里丘陵に向かって岬のように突き出ていたが、東の河内湾は河内潟の時代を経て、弥生中期には河内湖になる。『日本書紀』（巻第11）仁徳天皇11年の条に「宮の北の郊原《のはら》を掘り、南の水《かは》を引きて西の海に入る。因りて其の水を号《なづ》けて堀江と曰《い》ふ。」とあり、天満砂堆が開削され河内潟湖と大阪湾とを結ぶ難波の堀江（現在の大川〔旧淀川〕と推定されている）が築かれたようであるが、その水路は、干潮時に潟湖の水が大阪湾に急流したと考えられ、この水流の速さが浪速（難波）の語源であるとする福尾猛市郎の説は、「なみはや」という音が「なにわ」にどのように転訛するかという大きな問題は残るものの、妥当性が高いと考えてよいのではないだろうか。

ちなみに『万葉集』巻6には、神社忌寸老麻呂《かみこそのいみきおゆまろ》が草香江から大和に入るべく草香山（生駒山地西麓）を越えるときに詠んだ歌が二首収録されている。「直越《ただこえ》の　この道にして　おし照るや　難波の海と名づけけらしも」と「難波潟　潮干《しほひ》のなごり　よく見てむ　家なる妹が　待ち問はむため」の二首である。前者は、生駒山を越える道の途中で西下方を見たときの様子を、河内潟湖に太陽がギラギラと波静かな水面に押し付けるように照り輝いていると詠んでおり、「押し照る」が難波の枕詞である理由がよくわかる。後者は、河内潟湖の干潮時の様子を詠んだものであるが、その水流の速さを詠んだ歌としては、「さ夜ふけて　堀江こぐなる　松浦船　楫の音高し　水脈早みかも」など数首ある。

難波《なにわ》――平安前期の歌謡に「名无波乃宇美」とあることから、早い時期から難波《なんば》と音読みもされていることがわかる――という地名が、河内潟湖と大阪湾とを結ぶ水路の浪の速さに由来するのだとすると、難波という地名もまた、上町台地北端に関係した地名であることがわかる。

近世の「上町」、中世の「大坂」、古代の「難波」は、いずれも上町台地北端に関係する小さな地域の名称である。しかし、この上町台地北端という場所は、どのような歴史的・文化的な重要性を持っていたのであろうか。

かつて上町台地北端部に生國魂神社が鎮座していたことが持っている意味を考えてみよう。生國魂神社は、社伝によれば、神武天皇東征のとき、難波津に上陸した神武天皇が、国土の神である生島大神・足島大神を祀ったのが創祀と伝えられている。『古事記』仁徳天皇の条に、「押し照るや　難波の崎よ　出で立ちて　我が国見れば　淡島《あはしま》　淤能碁呂島《おのごろ》　檳榔《あじまさ》の　島も見ゆ　離《さ》けつ島見ゆ」とあるが、これは、生國魂神社が鎮座していた上町台地の北端部から、海上に浮かぶ大小多数の島々（難波八十嶋）を瞰視一望しつつ詠んだ国見の儀礼、多数の島々の国魂に対する招神・タマフリの儀礼の歌だと考えられている。

ところで、平安時代から鎌倉時代にかけて、天皇が即位の礼、大嘗祭を行った翌年に、勅使を摂津國難波津に遣わして、生島大神・足島大神などを祭り、国土の発展安泰を祈る八十嶋祭が行われていた。これは、難波八十嶋を「大八洲」（日本の国土全体）に見立て、それらの国魂つまり「大八洲之霊」を天皇が取り入れ、所有・支配するという儀礼である。国土の神を祀る生國魂神社が鎮座し、八十嶋祭やその原形と思われる招神・タマフリの儀礼が、上町台地北端部で行われていたことを考えると、上町台地北端部は「国生み神話」誕生の地として非常に重要な意味を持っているのではないかと思われる。

2．交通の要衝としての上町台地北端部

大阪歴史博物館とNHK大阪放送局の地下には、5世紀に建設された16棟からなる高床式倉庫群の遺跡があり、その1棟が南側公園部分に復元されている。5世紀の倉庫群としては日本最大の倉庫群があったということは、この上町台地北端部周辺に物流の拠点となる港津が存在したことを意味している。難波堀江の開削により開かれた難波津は、その場所をめぐっては諸説があるが、上町台地北端部の周辺であることには間違いがないであろう。『日本書紀』（巻第17）継体天皇6年の条には「難波《なにわの》館《むろつみ》」、同書（巻第22）推古天皇16年の条には、隋の使者裴世清を迎えるために「更新《またにひ》しき館《むろつみ》を難波高麗館《こまのむろつみ》の上《ほとり》に造る」とあり、難波津には外国からの客を迎え入れる施設があったことが文献に記されていることからして、難波津は、単に物流の拠点であっただけでなく、隋・唐・高句麗・百濟・新羅

などとの外交上の重要拠点であった。それゆえ、津（難波津）を管理する行政職である摂津職が設置されたのであろう（摂津職という語は『日本書紀』（巻第29）天武天皇6年の条に初見する）。

難波津、倉庫群、外交施設が存在した上町台地北端部は、物流・外交の重要拠点であったと考えられるが、陸上交通、海上交通、水上交通という点でも重要な場所であった。陸上交通に関して言えば、『日本書紀』（巻第22）の推古天皇21年の条に「難波《なにわ》より京《みやこ》に至るまでに大道《おほち》を置く」との記載があり、難波宮・朱雀大路から南進する官道（難波大道《なにわだいどう》）が敷設されたようである（朱雀大路および難波大道の敷設の時期については異論もある）。この難波大道は、東西に延びる大津道（長尾街道）や丹比道（竹之内街道）を介して大和とつながっていた（なお、時代は下るが、平安中期頃から熊野三山が阿弥陀信仰の聖地となると、皇族・貴族は上町台地の西側辺地を窪津王子から津守王子へと南南西に向かう熊野街道を通って熊野参詣に赴いている）。

また、難波の堀江から河内潟湖を通って生駒山麓の草香津へと向かう水上交通は、生駒山を越える直越道を通じて大和へとつながっていた（それだけでなく上町台地東側には、旧大和川水系が淀川に合流していたこともあり、いくつかの港津があり、河内潟湖は水路として機能していたと考えられる）。

ところで、『古事記』仁徳天皇の条に、「秦人《はだひと》を役《えだ》てて茨田堤《うまらたのつつみ》、また茨田三宅《うまらたのみやけ》を作り、又、丸邇池《わにのいけ》、依網池《よさみのいけ》を作り、又、難波の堀江を掘りて海に通《とほ》し、又、小椅江《をばしのえ》を掘り、又、墨江《すみのえ》の津を定めき」とあるが、上町台地の南西端に位置する墨江（住吉）の津は、難波津よりも早くから開けていたと言われている。『万葉集』には「住吉《すみのえ》に　斎《いつ》く祝《はふり》が　神言《かむごと》と　行くとも来とも　船は速けむ」という遣唐使を送る歌が収められているが、この歌は、海の神である住吉大神の言葉として、遣唐使に対し無事の帰還を約束した神のお告げを伝えた歌である。この歌からも推測できるように、遣隋使や遣唐使は、住吉津から船出する前に、住吉大社に航海の安全と無事の帰還を祈願したようである。そして、住吉津を出港した船は、転轍点である難波津を経由して、畿内と異郷とを分かつ明石大門《あかしおほと》（明石海峡）へと向かっていった。

こうしてみると上町台地北端部は、古代においては、海路、水路、陸路いずれの点においても、外交、物流の拠点であり、大和へと向かう基本的な二つのルートの転轍点とでもいうべき極めて重要な場所であったということができるのかもしれない。

3．文化資源の宝庫

道《みち》（路《みち》）というものは、空間的に隔たった二つの場所を結び、そこを人やモノが往来するものであると単純に考えられるかもしれない。しかし、道《みち》（路《みち》）というものは、空間的に隔たった二つの場所を、隔たりを取り去りながらも隔たりを保ちつつ結ぶものなのではないだろうか。

様々な道を介して、海外の様々な国から人、モノ、文化が上町台地に流れ込み、大和へとさらに流れるものもあれば、台地上にとどまるものもある。たとえば四天王寺では、聖徳太子の命日を偲んで毎年4月22日（旧暦2月22日）に聖霊会舞楽大法要が営まれ、六時堂前の石舞台上で四隅に曼珠沙華を飾って舞われる舞楽を例にとって考えてみよう。そこでは「桃李花《とうりか》」や「迦陵頻《かりょうびん》」などの中国・インドの音楽様式に基づく左方の舞（左舞）と、「蘇利古《そりこ》」や「胡蝶」などの朝鮮半島やシベリア系の右方の舞（右舞）が舞われる。道が通じているおかげで、空間的に遠く隔たった場所の文化が上町台地という場所に存在しているのである。この点では、空間的な隔たりは取り去られている。しかし、左舞も右舞も、異国の舞として舞われるかぎり、その異質性のゆえに隔たりは保たれている。

もちろん、これとは反対の事例もある。住吉大社は全国に2300社以上ある住吉神社の総本社であるが、住吉大社と各地に所在する住吉神社との関係はどうであろうか。離れた場所にあるのだから空間的な隔たりは保たれているのだが、信仰上の同一性のゆえに隔たりは取り去られているといえるであろう。

それはさておき、上町台地が古代以来交通の要衝であり、中世・近世・近代・現代へと時代が進むにつれ、様々な道《みち》（路《みち》）が上町台地に開かれてきたということは、外の場所から流入してきた異質なものが、場合によっては、その異質性をほとんど失うことなく台地上に沈澱する可能性があることを意味している。これに加えて、上町台地には、たとえば住吉大社の御田植神事のように、その場所に生じた営みを、時代の推移による若干の変化を伴う形で、それゆえ不完全な同一性を持つ伝統行事という形で保持しているものが数多くある。

このように考えると、上町台地とは、古代以来、異質な文化がその異質性を保持しながら歴史的に重層的に堆積するとともに、その場所に固有な文化が不完全な同一性を保持しながら歴史的に重層的に堆積している、「文化資源の宝庫」ともいうべき場所であると言えるのかもしれない。この意味で、上町台地北端部の「難波」「大坂《おさか》」から始まる「大阪」は、京都などよりもはるかに「古都」を名乗る資格があると言えよう。否、有栖川有栖が述べているように「大阪を古都と呼ばないことこそ不自然」なのである。

4. 未来のために過去を再発見する

学校法人追手門学院および追手門学院大学が平成20年（２００８）12月から平成25年度（２０１３年度）まで実施した「上町学プロジェクト」では、古都おおさかの歴史的・文化的資源を再発見し、『上町学　再発見・古都おおさか』（２０１１年、産経新聞出版）の刊行などを通して発信してきた。だが、過去を再発見することは、単なる回顧的（懐古的）な（retrospective > retro〔後方を〕+ specto〔見る〕）態度でないとすれば、どのような意味があるのだろうか。

現在の時点から過去を振り返るとき、私たちは現在の価値観に基づいて過去の文化的事象を、たとえば現在と比較して稚拙性や非合理性が認められる場合には否定的に、また、卓越性が認められるものが現在では失われてしまっている場合には肯定的に価値付けがちである。そのような仕方の過去の振り返りは、あくまでも現在の時点から、現在の価値観に基づいて過去を価値付ける回顧的な営みにすぎない。

過去を振り返り、過去を再発見するとは、現在の価値観とは無関係に、過去の文化的事象の中に、時代を超えて通時的に成立する普遍的価値を見出すような回顧的な営みでなければならないのではないだろうか。たとえば住吉大社の御田植神事は、稲に宿る穀霊を鼓舞し豊穣を祈願するものであり、現在の価値観からすれば穀霊などというものは非合理なものであると思えるが、自然（稲）の持つ力に任せ、実りを見守り保護するという農業者の心的態度そのものは普遍的な価値を持つと言えるのではないだろうか。

時代を超える普遍的価値は未来においても妥当する価値であるが、それは現在に照らし返されることによって、現在をより良き未来へと誘導する導きの糸になる。過去を再発見するとは、このような普遍的価値を発見し、未来を導くためのretrospective（回顧的）な営みのことであり、過去を振り返っているが、ベクトルは実は未来の方向に向かっているのである。

5年4カ月にわたって実施した、上町台地の歴史・文化を再発見する「上町学プロジェクト」は平成25年度（2013年度）末をもって終了した。私たちの上町再発見の営みが上町台地や大阪の未来のための回顧的な営みとなっていたかどうかは、やや心もとないが、未来を志向するための過去の再発見という観点が非常に重要であることは特に強調しておきたい。

II

難波宮の過去・現在・未来

以下は、平成25年（２０１３）２月23日に、追手門学院大阪城スクエアにて開催された「古都大阪フォーラム『難波宮の過去・現在・未来』」の第一部、栄原永遠男・大阪市立大学名誉教授の講演「難波宮の過去・現在・未来」を収録したものです（司会は、河内厚郎・追手門学院「上町学プロジェクト」座長）

▼難波宮の過去・現在・未来

河内　平成20年（２００８）年から、ここ追手門学院創立の地におきまして、千数百年に及ぶ大阪の歴史を上町台地から再発見しようと、「上町学プロジェクト」というシリーズ企画を続けてまいりました。成果物として、蓮如上人の故事に題材を採った新作狂言『おさか』や細川ガラシャを主人公にした創作舞『一元の夢』などを制作し、『上町学　再発見・古都おおさか』という本を産経新聞出版から出版しております。

いまから１４００年前の西暦６１３年、推古天皇の時代に、難波と飛鳥を結ぶ日本最古の官道（国道）が敷かれました。ＪＲ環状線「寺田町」駅の下を通る国道がその難波大道《なにわだいどう》の跡で、天王寺区には「大道」という町名も残っています。

その道は難波宮からまっすぐ南へ伸びていました。山根徳太郎先生により難波宮の発掘が始まった昭和29年（１９５４）から来年（２０１４）は60年になります。古代には難波宮や四天王寺が建立され、中世末には蓮如上人の建てた石山御坊が本願寺へと発展します。この大坂本願寺が退却したあとに天下統一を果たした豊臣秀吉が大坂城を築くという具合に、いろいろと華やかな時代があるわけですけれども、どうも各時代が個別バラバラに論じられている観があり、千数百年を通した大阪像というものがなかなか見えてきません。今日は古代から近現代までを縦軸でつなぎ、それなりに一貫した歴史都市が上町台地にはあったのでは——という話に持っていきたいと考えます。

今日は、まず、神々しいようなお名前の大阪市立大学名誉教授・栄原永遠男先生に「難波宮の過去・現在・未来」をご講演いただきます。栄原先生は昭和21年（1946）東京生まれ。昭和44年（1969）に京都大学をご卒業され、昭和49年（1974）に大学院を修了。昭和50年（1975）から56年（1981）まで追手門学院文学部にご勤務いただきました。現在は大阪市立大学を定年ご退職の後、名誉教授・特任教授を務めていらっしゃいます。木簡学会会長。正倉院文書研究会代表。出土銭貨研究会会長。第16回角川源義賞を受賞されました。それでは先生、よろしくお願いします。

倭の五王の時代

栄原　ただいまのご紹介によると、まずはじめに名前から説明しないといけないと思います。「栄原」は奄美大島の名字です。父が若い頃に奄美大島を飛び出し東京で結婚しましたので、私は東京生まれ。父が勤めていた会社の関係で、一家して小さい頃に大阪に来まして、そのまま大阪で大きくなりました。父は「満蒙に雄飛する」という理想で東京外国語学校モンゴル語科に入ったのですが、学徒出陣で軍隊に徴用され、苦労したようです。さいわい生き残り、これからは永遠平和の時代だということで「永遠」の「男」という名前になりました。なかなか名前が重くて大変なのですけども（笑）そういう経緯でございます。

私は、昭和50年から6年間、追手門学院大学に勤めさせていただきました。その頃はできてから12～13年の大学で、いまのようにいろいろな施設がある時期ではありませんでしたが、草創期の熱気が残っているような時代で、とても楽しく過ごさせていただきました。その後、山根徳太郎先生や直木孝次郎先生といった先生方がいらっしゃった大阪市立大学に移りました。この先生方は、ずっと第一線で難波宮の保存運動や研究をやってこられました。私は直木孝次郎先生の後任として大阪市立大学に居らせていただいた次第です。

小さい頃はよく大阪城に遊びに来ていまして、どの大名が造った石垣かを示すために彫ってある刻印を集めるのが趣味でした。あの頃よく許されたものだと思いますが、石垣によじ登って刻印を探し、うろうろしていました。そういう小学生時代の記憶があります。それから長い時間が経ちましたけれども、このような場でお話をさせていただくことになり光栄だと思っています。河内さんから去年このお話がございまして、上町学プロジェクトに共鳴するものを感じましたので、お話を受けさせていただいた次第です。

難波宮に直接関わったことはそれほどたくさんございませんので、「難波宮の過去・現在・未来」をお話するのは、ちょっとおこがましいというか口幅ったいところがございますが、今日は三つのテーマでお話させていただこうと思います。はじめに、難波宮がどのようにして造営されたのかという「過去」の問題。次に、その難波宮が甦って姿を現し実態がわかってきている「現在」。その難波宮の貴重な遺跡と難波宮をめぐる研究成果を私たちは「未来」の方々にお渡ししていかなければならない。そういう3部構成でお話したいと思います。

まず、難波宮とはどういう宮であったのか。大都会のど真ん中にある宮殿だということはご承知のことと思います。立命館大学におられた日下雅義先生によると、奈良時代の難波は、生駒山の裾の日下《くさか》あたりまで入江がずっと入り込んで、その海中に上町台地がドンと突き出し、台地の先端部に難波宮がありました。いまの天満のあたりまで砂堆があり、大阪湾を流れる湾岸流によって砂がどんどん堆積していくという状態でした。この難波の地域、上町台地の北端部が注目されましたのは5世紀、つまり倭の五王の時代でありました。

当時の大和朝廷、倭王権は、朝鮮半島の百済や、もう少し南の伽耶《かや》地方――聞き慣れた言葉でいうと任那《みまな》と言われていた地域――から、鉄とか、威信財と言いますが高価な宝物を確保して、それを倭の大王が臣下の者や地方の豪族に分け与えることで王の権威を示すということをやっておりました。ですから、瀬戸内海を通って朝鮮半島に拠点を持ち、そことの関係を取り結ぶということが、当時の王たちにとって非常に必要だったのです。

ですから、その関係で、当時の倭王権は上町台地のあたりにすごく注目していました。初めは上町台地の先端部よりむしろ南の方に力点がありました。しかし、そのあたりへ行くには、大和川の乱流地帯を通過しなければならず、交通上の不便がありました。そこで倭王権は、拠点を南の方から北に上げていく、あるいは南の方から海に出て行きました。古市古墳群・百舌鳥古墳群が造られ、応神天皇の大隅宮、仁徳天皇の難波高津宮、反正天皇の柴垣宮……そういう宮殿が造られたという伝説が残っています。ですから、当時の倭王権が難波の地域、上町台地の先端から南の方にかけての地域全体に注目をしていたのは揺るがないところだと思います。

現在、NHK大阪放送局や大阪歴史博物館のある敷地の南側半分は、広く空き地になっています。その下には法円坂倉庫群の遺構が保存されて眠っています。巨大な倉庫が16棟（もっとあった可能性があります）も見つかりました。大阪歴史博物館の横にそのうちの一棟が復元されていますが、当時としては非常に大きな倉庫群が上町台地の先端に出現したわけです。これは倭の五王たちが朝鮮半島に進出していくための重要な拠点であったと思われます。

朝鮮半島では北部の高句麗という勢力が5世紀に南下して百済や任那を圧迫するようになり、倭王権の権威のおおもとになった鉄や様々な宝物が確保できないことになってしまいました。そこで倭王権は、朝鮮半島に軍隊を動かし軍事的にも進出していくことになりました。そういうことと倉庫群は深く関わっていまして、私はこの倉庫の中には食料や武器その他、様々な軍需物資が集積されていたのではないかと思っています。そういうものが造られるのが5世紀後半、倭の五王の時代の後ろ半分の時期になります。

この倉庫群が重要なのは、いま申し上げた点だけではなく、「難波の堀江」と深く関係している点です。上町台地の先端の砂堆を東西方向に突っ切るように、倉庫群の北側全面に運河が拓かれました。これを「難波の堀江」と言います。堀江という言葉が示すように、人工的に上町台地の砂洲を突っ切った水路でして、現在の京阪天満橋駅あたりを流れている大川が、その後身です。この倉庫群から北に上町台地をくだったすぐのところに当たります。難波を考える上で決定的と言ってよいくらい重要な水路だろうと思います。

それまで、大阪平野一帯は、淀川や大和川の水がうまく大阪湾に排出されないために、水害が頻繁に起きまして、なかなか開発の進められない場所でした。しかし、「難波の堀江」が開削されたことによって、淀川や大和川の水が大阪湾にスムーズに排出できると同時に、堀江を通じて淀川や大和川の水系を交通・水運にフルに利用できる体制ができあがっていくのです。これが難波の発展の重要なきっかけとなり、中世以降にも重要な意味を持ちました。難波の堀江が造られたことによって、難波の港としての重要性も増加してまいります。交通上の要衝であるし、軍事的な拠点にもなってきます。「難波の堀江」の開削によって、難波あるいは上町台地の重要性が飛躍的に増加したと言うことができると思います。

6世紀の上町台地

では、倭の五王の次の時代、6世紀はどうであったか。推古女帝や聖徳太子が出てくるのは7世紀ですが、その間の100年間はよくわからない時代です。倭の五王の時代は中国の歴史書に出てくるのでわかる部分がありますが、その次の6世紀の難波というのはなかなかわかりにくい。

私は、6世紀というのは、倭王権が全国に君臨する度合いがより一層強くなってきて、全国に屯倉《みやけ》というものを設置し、国造《くにのみやつこ》という地方官を配置する形で、支配を強化していった時代だと考えています。屯倉というのは、かつては農場から収穫されてきた収穫物を納める倉が並んでいるというイメージが強かったのですが、近年の研究では、一言で言えば支配の拠点として理解されるようになってきています。倭王権が、交通の要衝、軍事的な拠点等々に設置した施設が屯倉でした。もちろん広い農地を確保してそこから採れた収穫物を朝廷のものにするという意味での農園はあってもよいのですが、農園だけを屯倉だとは考えていないのが現在の状況です。

難波には「難波屯倉」が設けられていたということが日本書紀に出てまいります。安閑天皇が4人の奥さんのためにそれぞれ屯倉を設定し、そのうちのひとりのために「難波屯倉」と钁丁《かくてい》を与えたという記述が出てきます。そのままでは信用できない話ですけれど、要するに「難波屯倉」というものがあって、そこに钁丁という人々が関係していたという話です。

以前、追手門学院大学に、学士院賞をお取りになった東洋史の天野元之助という先生がいらっしゃいました。私はさいわい様々なことを教えていただく幸運に恵まれました。天野先生に「钁」という字を示して「これ、何ですか」と聞いたら、「それは鍬だけれども普通の鍬じゃない。刃先が狭い、つるはしみたいなもので、地面の中に深く打ち込むことができる。未開地を開発するのに適した農具だ」と教えていただきました。

それを聞いて、これは上町台地を開発するための道具なんだと思いました。古代の上町台地は、想像以上にでこぼこした土地でした。そのため、そこに様々な施設を造るためには、まず山を切り崩して平坦地を造らないといけなかった。ふつうの鍬では歯が立たず、钁みたいなものを使って平地を造成していたんだと思います。

難波宮の発掘調査が進む過程で、前期と後期という二つの遺構が眠っていることが明らかになったことはご存知かと思いますが、実は、さらにもう一つ下に難波宮下層遺構というのが広がっています。おそらく数百棟の建物があったと考えられているのです。それが「難波屯倉」だろうという意見が既に出されていますが、私は賛成です。難波宮下層遺構の全部が「難波屯倉」だとは思いませんけれど、その中に「難波屯倉」というものがあったということにはなると思います。倭の五王の時代から難波は注目されて、次の時代に「難波屯倉」という形で受け継がれていきました。それを前提として、やがて難波宮の宮殿が造られていく。そういう歴史的な経緯をたどったのだと思います。

大化改新と難波宮

大唐帝国が628年に中国全体を統一したのにともない、唐と国境を接する高句麗はものすごく緊張しました。唐と高句麗の間で軍事的緊張が高まっていく中、高句麗では泉蓋蘇文という人物の反乱、「泉蓋蘇文の乱」が起きて独裁政権がつくられ、強力な軍事国家になります。唐は何回も大軍を派遣しますが、高句麗はそのたびに唐の大軍を撃退します。百済でも義慈王という王に権力が集中して強力な国家になり、唐の圧力に対抗していきました。ちょうどその時期に日本では「大化の改新」が起きているのです。「大化の改新」とは、大唐帝国の圧力に対して周辺諸国がとった様々な反応の日本版と考えればよいと思います。

蘇我本家を打倒した大化の新政権が権力を集中し、様々な改革を実施しました。そのために、難波《なにわ》長柄豊碕宮《ながらとよさきのみや》（前期難波宮）を上町台地の先端に造ることになりました。国際的な激動期になると難波地域に注目が集まるんですね。

図Ⅱ・1が前期難波宮、大化の改新の頃の宮殿です。図Ⅱ・2が聖武天皇の後期難波宮。前期の方がはるかに大きいですね。前期の難波宮の特色はいろいろありますけれども、内裏前殿というものです

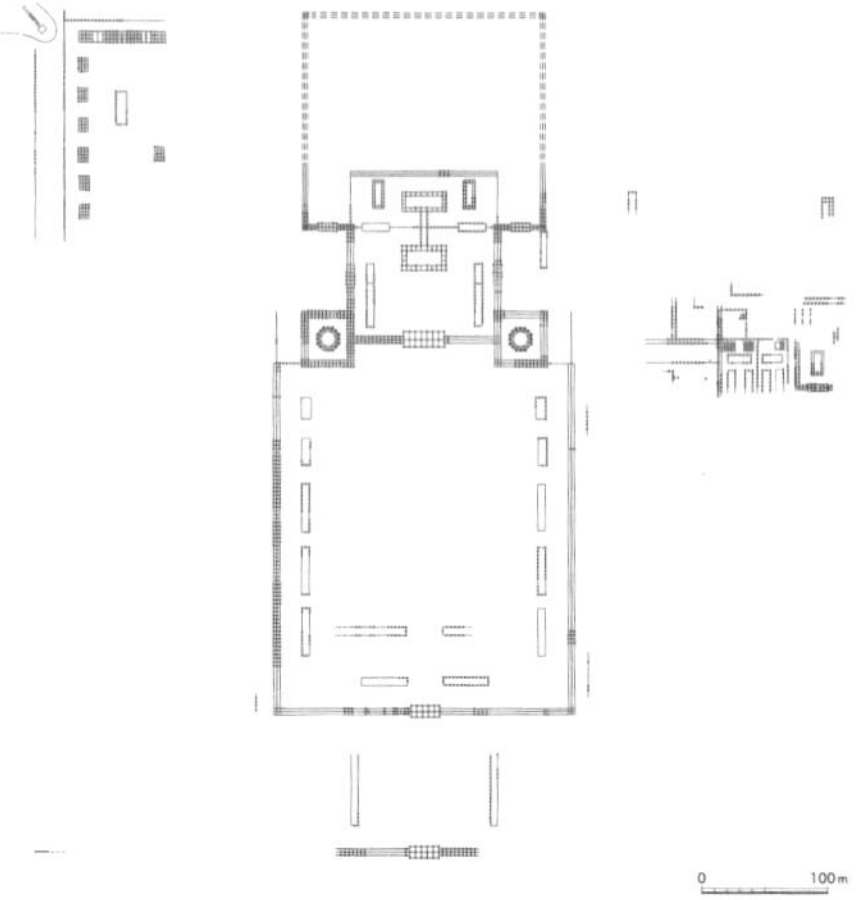

図Ⅱ・1　前期難波宮殿舎配置図
（大阪文化財研究所所蔵）

ごく大きな建物が中心でした。内裏南門というのもかなり巨大です。現在見つかっている宮殿遺構の中で最大級のものがここに建てられたのです。

ここには八角殿という八角の建物が東西に建っています。これもほかの宮殿には例のない建物です。ほかにもたくさん特色がありますけれども、朝堂がたぶん16堂建ち並んでいただろうと考えられています。平城京でも平安京でも朝堂は12堂しかありませんので、16堂はとても多い。このようにいろいろな特色のある難波宮が造られました。

少し時代が下り、壬申の乱で勝利した天武天皇の時代にも、この宮殿は存続していました。天武天皇は難波宮を西日本を抑える拠点の宮と位置付けました。それから、東日本を抑えるための宮として、信濃にも宮を造る計画を立てます。これは実現しませんでした。真ん中は飛鳥浄御原宮です。

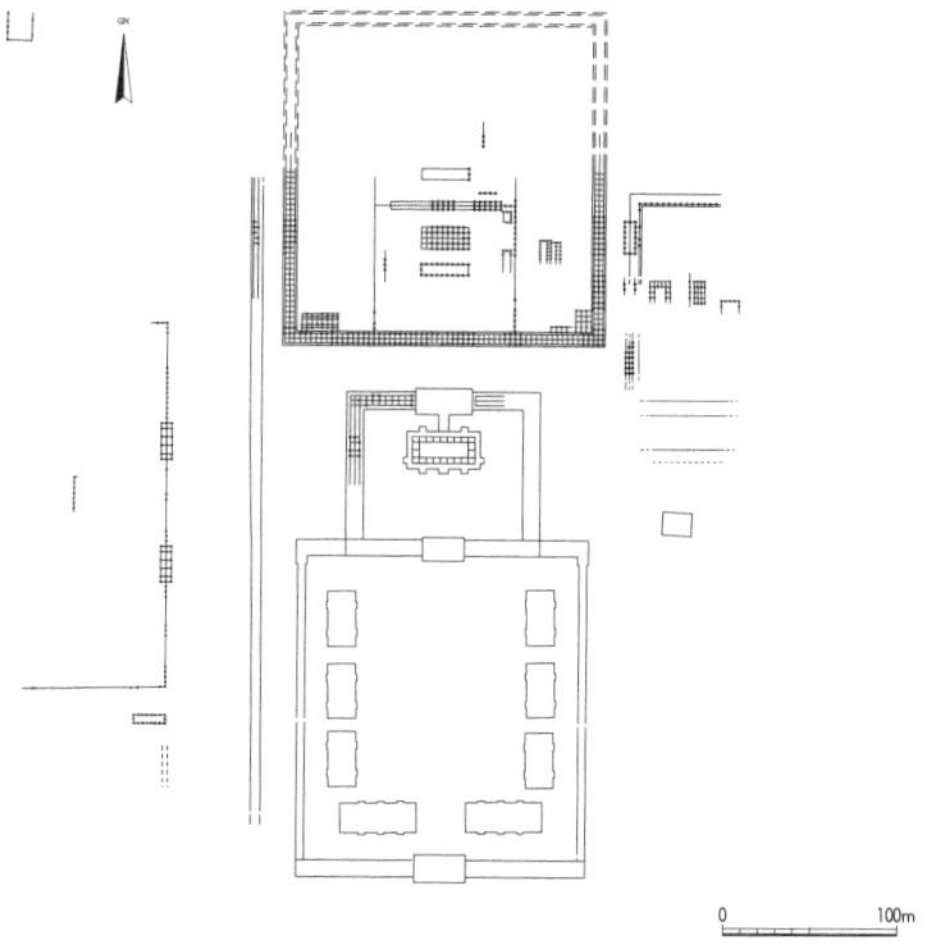

図Ⅱ・2　後期難波宮殿舎配置図
（大阪文化財研究所所蔵）

――天下三分の計と言ってよいと思いますが、そういう構想を立てた直後に前期難波宮が全焼してしまうのです。焼けた材は片付けられましたが、焼け跡はたぶんその後ずっとそのまま大事にとっておかれて、奈良時代の聖武天皇の時代に後期難波宮が造られました。

聖武天皇の難波宮

後期難波宮の北の中心にあるのが大極殿。難波宮の史跡公園に行かれますと、大きな建物の基壇が造られていますが、これは大極殿の基壇を復元したものです。前期難波宮よりは一回り小さい規模の全面瓦葺の宮殿が造られました。

聖武天皇の後期難波宮には北五間門・南五間門というのがありました。この門を入って西の方に行ったところに現在の上町通りが通っていて、そのさらに西側には国立大阪病院と昔呼んでいた大きな病院があります。その病院の中に、聖武天皇の時代の、とても重要な一画があったに違いありません。五間門というのは格式の高い門で、それを二つも持っているということは、何か非常に重要な大きな区画があったに違いないのですけれども、いまのところ正体は突きとめられておりません。将来わかるかもしれません。

桓武天皇によって都が長岡京に遷されるとともに、聖武天皇の難波宮は解体されて、瓦とか材木とかすべて運ばれて移築されました。古代では使える物は徹底的に利用しましたので、解体して持っていくのが普通でした。難波宮が長岡京に移築されたことにより難波宮の時代は終わることになります。法円坂の倉庫群や前期・後期難波宮は、発掘調査や文献の調査で次第に明らかになってきています。1950年代に山根徳太郎先生によって難波宮の調査が始まるまでは、ちょっと大げさかもしれませんけれど、そもそも難波宮なんかあるのかと言われて誰も信じなかったんです。山根先生の信念がすごくあったことで難波宮は甦ってきたと言えます。近年になり、中心部の宮殿以外にも様々な重要な発見が相次ぎました。その中から主なものについていくつかお話しします。

近年の相次ぐ発見

いまのＮＨＫや大阪歴史博物館のある場所には、むかし大阪市の中央体育館がありました。それを取り壊して現在のＮＨＫができたわけですが、その時の調査で大規模な石組みの溝と池状の水溜遺構が見つかりました。「並び倉」と言いまして、正倉院のような大きな倉があったこともわかってきています。先ほど前期難波宮は全焼したと言いましたが、この倉は焼け残ったみたいで、その後もずっと建っていたようです。いつ頃潰れたかはわかりません。

次は大阪府警本部の建て替え工事の時に出てきた木簡です。全部で30点くらい出てきました。そのうち戊申年（大化4年（６４８））と書いた木簡が重要です。この木簡が出てきた時は古代史の研究者はのけぞるばかりに驚いたという、とても重要な木簡です。６４８年頃、難波の地域に木簡を使う役人がいて様々な活動をしていたということがわかります。そこで難波宮は大化の頃にあった可能性が高いということになります。文字の資料はほとんど日本書紀しかありませんから、木簡一つが持っている意味は非常に大きいのです。

また、通称「はるくさ木簡」と呼ばれている木簡も重要です。これには「皮《は》留《る》久《く》佐《さ》乃《の》皮《は》斯《じ》米《め》之《の》刀《と》斯《し》……」と万葉仮名で書かれていました。歌が一字一音の万葉仮名で書かれていたとても早い事例です。

この木簡をきっかけにして、私は歌を書くための木簡、歌木簡があるということを提唱しました。そして、それまでに発見されていた万葉仮名で書かれた木簡が再認識されるということが起きました。特に国文学の研究に大きな影響を与えたと思います。

難波宮からまっすぐ南へ一直線のところでは道路遺構が見つかっています。現在のところ大和川の南側ばかりですが、三カ所見つかっています。私は、大和川の北側でもやがて見つかるだろうと思っています。

次に、東方官衙《かんが》と言われる地域では、回廊で囲まれたような一画があり、その真ん中にたぶん二階建てかもしれない建物も見つかっています。そこは難波宮の一番東の端で、この場所から地形的にどんと落ちて森ノ宮に下っていきます。上町台地の西側は大阪湾でしたが、当時は東側にも内海が広がっていましたので、とても見晴らしの良い場所だったと思います。

平成24年度は難波宮の調査でも当たり年と言われた年で、つい最近、立て続けに重要な遺跡が見つかっています。大阪医療センターのところで、役所かもしれない遺構が見つかりました。その本体はおそらく南側の銅座公園の方に広がっているだろうと思われます。この場所は難波宮の想定範囲の外に位置しているので、もしかしたら難波宮の範囲を考え直さなければならないかもしれません。そういう発見がつい最近あり、新聞にも大きく報道されましたので、ご記憶の方がいらっしゃるかもしれません。

難波京が碁盤の目になって広がっていましたが、ちょうど南の境界線のところ、ＪＲ天王寺駅近くの調査では、去年（２０１２）の末に成果が発表されました。役所なのか貴族の邸宅なのかわかりませんが、規則正しく配置された建物群の遺構が見つかっています。それが難波京の一番南の端あたりにかかる可能性が高いので、難波京の広がりを考え直さなければならないのかもしれないという重要な発見があったばかりです。

もう一つは、過去の調査をつなぎ合わせますと、聖武天皇の内裏のすぐそばに大きな区画があったことがわかってきました。聖武天皇の娘さんの孝謙女帝、のちに称徳天皇となり道鏡と問題を起こす女帝が難波に来たとき「東南新宮」に入ったという記録があります。それと関係するのかもしれません。

こうしたことが去年末から立て続けに発表されましたが、遺構・遺物が保存されていたからこそわかってきたわけですね。難波宮の保存運動はいろいろ苦難の道を歩んでまいりました。次に、その話に入ります。

難波宮の保存と継承

聖武天皇時代の大極殿があったところに近畿財務局が合同庁舎を建てるという計画が持ち上がった

のは昭和37年（1962）のことです。さいわい、その前年に大極殿が見つかっていましたので、8大学長声明――七つの大学の8人の学長が共同で「保存してほしい」という声明を出すという、いまでは考えられないことが起きました。大阪府立大学、大阪大学、京都大学、同志社大学、立命館大学、関西大学、大阪市立大学の2代の学長が連名で署名をしています。当時非常に注目されたと言われています。大阪市も協力をし、別の土地を提供して合同庁舎をそこに建て、大極殿の跡を保存するということになりました。そして、まずこの部分だけが国の史跡に指定されました。

大阪府立の整肢学園を造る計画が持ち上がったときは、非常に苦しい保存運動だったと聞いています。

大阪市教育委員会が大阪市立青少年センターを建てるという時にも、教育委員会が建てるとは何事だと保存運動が起きました。このときは訴訟まで起きました。十数年間にわたって裁判が続き、最後は大阪市と原告団が和解しました。その時の和解が現在の難波宮の保存にとても大きな力を及ぼしているのです。

大阪市は裁判を受けて大阪城と難波宮跡史跡公園をつないで一体化するという構想を発表しました。NHK、大阪府農林会館、NTT……これらの施設はほかに移ってもらい全部公園にしてしまうという計画を立てたのです。順次退いてもらい、いずれは全体が公園になる予定です。

NHKは、中央体育館を取り壊し、そこへ移転することになったので、中央体育館の場所の発掘調査が行われました。そうすると、先に述べた大倉庫群が見つかりました。大倉庫群の上にＮＨＫは建てられないということで北側に動いてもらいましたので、あの敷地の南半分は平地になっているのです。もし行かれたら、ぜひ地面を見てください。地下に眠っている大倉庫群の柱の跡を示す模様が付いています。

このように、難波宮跡は多くの方の努力によって残された遺跡なのです。多くの先人の努力があって過去の難波宮が甦ってきているというのがいまの時代です。今年度（２０１２年度）も大発見が続きましたが、これからも発見があると思いますので、難波宮はもっと姿を現していくと思います。

上町台地の先端にある難波宮の様々な遺跡は、過去の人々から託されたものであり、我々現在の人間はそれを未来の人により良い形で手渡す義務があります。過去の人達からのプレゼントを、私たちは利用させていただいているのです。現在の人々のために役立つように、難波宮の遺跡あるいはその他の遺跡を活用していくことは必要ですが、私利私欲で勝手に利用することは許されません。行政といえども、勝手なことをすることは許されないと思います。何より訴訟がそれを示しています。

ただし、都心部にこれだけの遺構が確保されていくことに対しては、現在の人々の理解・賛同を得る必要があります。地価の高いところにこれだけの広大な土地を確保していくということは、広く理解が得られないとできません。それには何よりもまず難波宮を知ってもらう必要があります。大阪市立大学は難波宮と最もゆかりの深い大学ですが、前に私が授業で「大阪歴史博物館や難波宮の旧跡公園に行ったことある人、手を挙げてください」と言ったことがありました。そうしたら、少なかったんですね。大阪市立大学の学生ですらそうなんだなとすごく思いました。

そこで、平成23年度（２０１１年度）から25年度に行われた「なにわ活性化プロジェクト」を紹介します。大阪市博物館協会が中心になり、委員会をつくって検討したものです。私も関わりました。二つの柱があります。一つは、文化庁からの助成金で、コンピュータ上で難波宮を復元してタブレットで見えるようにする。歴史地図をつくり上町台地の現地ハイキングなんかも盛んにやっています。そういう活動が現在行われているのですが、これは、追手門学院の上町学プロジェクトと重なるところがあると思います。何とか協力できないかなと思います。もう一つは、大阪歴史博物館に対して様々なことを提言したのですが、この提言に基づいて活動していただいているのではないかと思っています。

古代の建物を復原するのは大変ですけれど、ＣＧの復元で体感することは現代では可能です。図Ⅱ・3は、大阪市の難波宮の整備基本構想の図です。阪神高速道路と上町筋が通っていて三つに分断されているのが難しいところですが、それぞれをうまくつなぐ形で役割分担しながら難波宮を復元していこうということです。一体化計画というのは、大阪城公園につなげて歴史公園にするという構想です。

難波宮へどう行ったらよいのかということから始まって、遺構は保存されていてもそれが何の遺構なのかがわからない。全体を見回し、系統的なサイン体系を考えて、来た人がすぐわかるような形に

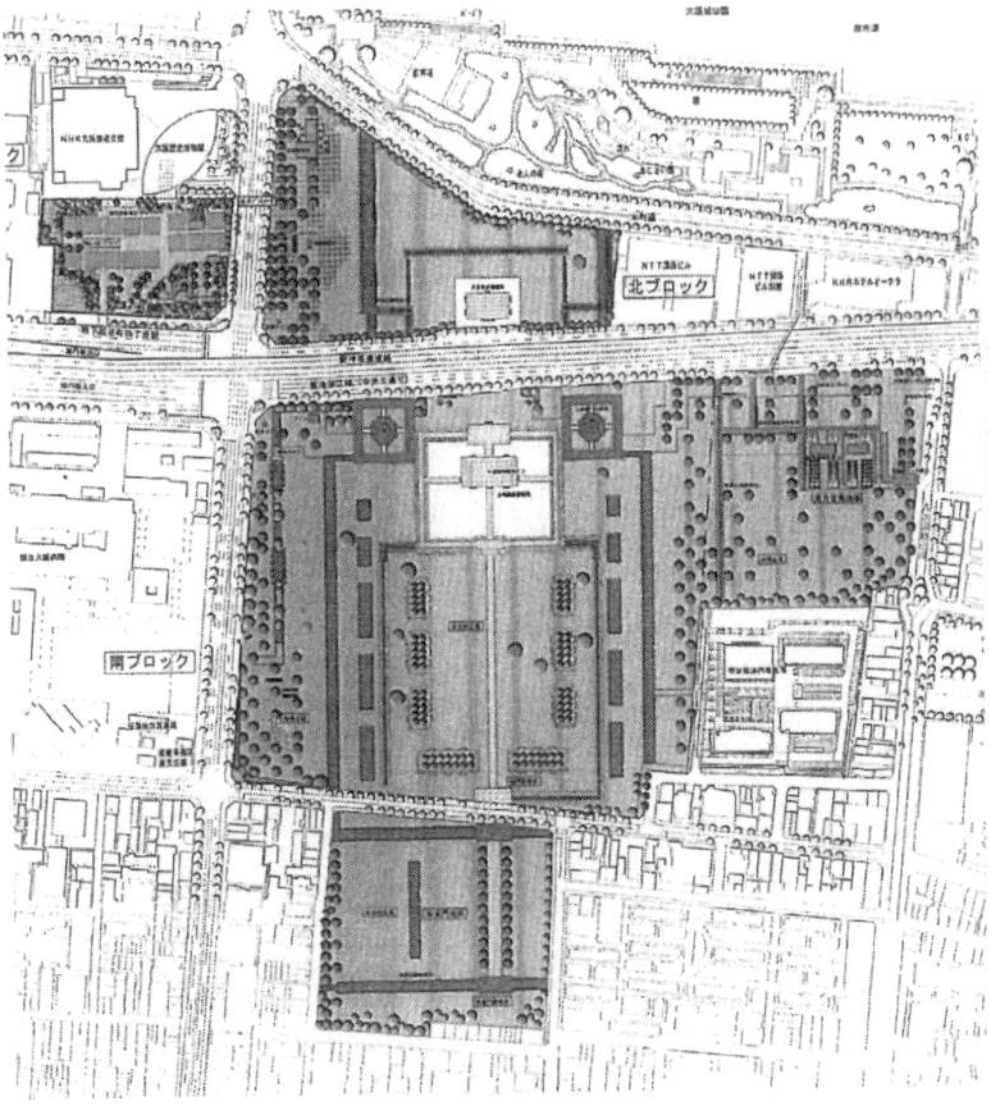

図Ⅱ・3　難波宮跡整備全体構想図
（大阪市教育委員会所蔵）

説明板や表示板を整備していく必要があります。難波宮の説明のための施設も要ります。現在、八角殿の復原建物が建っていますが、骨組だけなので壁を貼って建物にしたらよいのにとも思います。そうすると、パンフレットや様々なものを置いたり、映像などを見るスペースが取れますので、ガイダンス施設ができるのではないかな思います。また、平城京にあるような宮殿の建物を建てることができればよいでしょう。象徴的に大極殿などを立体にして示すことが、難波宮に対する関心を高めることになります。

このように、難波宮について様々に工夫をこらしていくことが必要でしょう。そのことが現代に生きる我々にとっても役に立ちますし、将来の人々にもより良い形で難波宮をお渡しすることになると思います。

Ⅲ

生々流転～古都おおさか

以下は、平成25年（2013）2月23日に、追手門学院大阪城スクエアにて開催された「古都大阪フォーラム『難波宮の過去・現在・未来』」の第二部、鼎談「生々流転――古都おおさか」を収録したものです。

（鼎談者）
栄原永遠男　大阪市立大学名誉教授（本書刊行時は大阪歴史博物館館長）
北川　央　大阪城天守閣研究主幹（本書刊行時は大阪城天守閣館長）
河内　厚郎　追手門学院「上町学プロジェクト」座長、関西経済同友会幹事

▼生々流転〜古都おおさか

難波廃都以後

河内　7世紀中頃、孝徳天皇の時代に前期難波宮が造営されまして、8世紀の後期難波宮は聖武天皇の時代となりますが、それらよりずっと以前に、応神天皇の難波大隅宮や仁徳天皇の難波高津宮が置かれたという記述が『日本書紀』にあります。

栄原　様々な人が瀬戸内海を通って朝鮮半島や中国大陸のほうへ出て行こうと考えたときに、難波は拠点となりました。4世紀以前はよくわからないですけれど、少なくとも倭の五王の5世紀から難波は重要視されていました。先ほどの講演で難波の堀江の開削が決定的な意味を持ったと話しましたが、当時の倭王権が上町台地に拠点を持っていたのは間違いないことです。そういう拠点は高津宮や大隅宮のような話として『日本書紀』に載っています。そのような宮があったかどうかはわかりませんが、『日本書紀』の話ができる前提として、倭王権の拠点的な施設が難波周辺にはあったと考えられます。

河内　東淀川区の大阪経済大学のあたりに大隅という地名があります。応神天皇の大隅宮があのへんだったのか……まだよくわかっていませんね。

栄原　そうですね。大隅宮というのが実際にあったかどうかわからないのですが、伝説のもとになるような何かがあったと思われます。

河内　それが5世紀の初め頃のことで、6世紀はブランクというかよくわからないとしても、593年には我が国初の官寺として四天王寺が建立されますし、7世紀に入りますと難波と飛鳥との間に初の官道が敷かれるという具合にインフラが整備されていきますので、のちの大化の改新時の難波遷都につながるような拠点ではあり続けたのでしょう。

7世紀半ばに造営された孝徳天皇の難波長柄豊碕宮の建物が、天武天皇の時代に火事で焼けた跡に、奈良時代になって聖武天皇が後期難波宮を造営するというふうに、時には首都になり、あるいは副都になるといった具合で、難波の存在感というのは一貫してあるわけですけど、平安時代に入ると難波宮の建物はどうなったのでしょうか？

栄原　古代の人たちというのは無駄使いはしないんです。瓦でも柱でも使えるものは必ず使いました。火事になっても柱は芯まで燃えませんから、焼けたとこだけ削って細い柱にして使うということはいくらでもやるんですね。ですから難波宮が廃止されても、そのままほっとかれて朽ち果てていくわけではなく、そこで使われていた瓦や柱を淀川で運んで長岡京に持っていき、新しい宮殿に使いました。現実に難波宮と同じ瓦が長岡京から多数出土しています。

難波宮だけではありません。平城京の建物も解体しましたから、難波宮と平城京の両方の建物を長岡京に移築したということです。

河内　すると、難波宮があった場所は廃墟になってしまったということですか？

栄原　全部持っていかれて何も残らなかったと思います。さらにその後は私の守備範囲ではなくなり、よくわからなくなってしまいます。

港湾都市・渡辺津

河内　平安から鎌倉にかけての時代も、たとえば四天王寺は古代から、生國魂神社は上代から連綿とありましたから、何もなかったわけではもちろんないのですが、上町台地とその周辺はどんなイメージだったんでしょう。

北川　四天王寺の界隈には、寺だけではなく民家もあり、門前町を形成していました。生國魂神社は、現在は谷町9丁目駅近くのところにありますが、慶長3年（1598）までは大坂城周辺に鎮座していました。いまは南御堂（真宗大谷派難波別院）の西側にある坐摩神社も天満橋界隈に鎮座していました。難波宮がなくなっても、生國魂神社と坐摩神社という二つの神社が、鎮座していたことは重要です。生國魂神社は「大八洲国」と呼ばれたわが国土の霊魂を祀る神社で、坐摩神社は大王（天皇）の宮殿が建つ土地の守護霊を祀る神社です。都が奈良や京都に遷っても、この二つの国家神が鎮座し続けたことは、上町台地が大和王権にとって非常に重要な場所として記憶される土地だったことを示しています。

かつて坐摩神社のあったあたりは、渡辺と呼ばれ、現在の大川沿いに渡辺津という港がありました。江戸時代に京都と大坂を往来した三十石船の発着港、八軒家の前身だと言われますが、渡辺津の頃は江戸時代の八軒家よりも遥かに巨大な港でした。渡辺津は淀川水運の川の港でもありましたが、西日本を通じて海外へも展開する海の港でもありました。おそらく中世の港湾都市としては日本で最大規模だったのではないかと思います。追手門学院から少し西側にそういう都市があったのです。

この渡辺津を起点にして熊野街道が上町台地を南北に貫き、平安時代の後期になると上皇たちによる熊野詣での御幸がさかんに行われます。高野山への参詣も途中の堺までは、この街道を使いますので、難波宮が廃されて以降、政治的な機能は失われたけれども、四天王寺や渡辺という都市もあり、上町台地一帯は多くの人が行き交い、集う場所でした。

河内　宮殿は解体されてしまったけれども、古代からの由緒ある門前が残り、大きな港町があり、主要な街道筋が通って――。

北川　非常に往来の激しいところでした。渡辺津は河川交通と海上交通の結節点で、源平合戦のときも源義経の軍船が渡辺津から出て行きます。義経と梶原景時との有名な「逆櫓《さかろ》論争」も、この渡辺津が舞台でした。渡辺党という武士団も存在し、鎌倉時代のはじめに奈良の大仏を再興した重源《ちょうげん》は渡辺に東大寺の別所を置き、中核施設として浄土堂も建てられていました。

宗教都市・上町台地

河内　平安末期から始まる、夕陽丘一帯の浄土信仰も相当なものでした。

北川　平安京から近く、西に海が広がるという、上町台地の立地が関わります。

浄土信仰というのは、阿弥陀さんがいる西方浄土に往生したいと願う信仰です。上町台地から西を望むと、夕日が大阪湾を真っ赤に染めて落ちて行きます。夕日の沈むところが西の果てですから、そこに阿弥陀さんのおわします極楽浄土があることになります。夕日の沈む様を眺め、西方浄土を想い、極楽への往生を願う——これが「日想観」と呼ばれる修行で、上町台地上ではこの「日想観」が盛んに行われたので、「夕陽丘」という地名も生まれ、浄土信仰の聖地として認識されるようになりました。

また、熊野街道というのは、本宮・新宮・那智の熊野三山へと向かう街道ですが、この三山は決して対等ではなく、やはり何といっても本宮への参拝が熊野詣での最大の目的でした。現在は本宮が熊野本宮大社、新宮が熊野速玉大社、那智が熊野那智大社と、すべて神社になっていますが、当時はいずれも神仏習合で、本宮は「証誠殿《しょうじょうでん》」と呼ばれ、本地仏は阿弥陀と認識されていました。熊野詣でも浄土信仰の旅だったのです。

日想観という夕日を望む浄土信仰の聖地であり、熊野という浄土へ向かう街道が通じ、街道の起点になった渡辺には浄土堂もあった――こうして上町台地には浄土信仰が深く根付きました。

河内　中世の大阪は宗教都市だったということになりますか。

北川　宗教都市の性格が非常に強かったと思います。

栄原　四天王寺の西門は、極楽浄土の入口だという信仰のある特色ある場所で、直接それと関係があるかわからないんですが、一番基層に「八十嶋祭」があったんじゃないかなと思うんです。天皇即位の翌年、宮中の女官が天皇の着物を運んできて、難波のどこかの海岸で海に向かって振るという儀式が八十嶋祭でした。そうすることで島々の神様を天皇の衣に付けて宮中へ持って帰り、それを天皇が着ることによって日本国中の神としての性格を持つことになる――その儀式が難波で行われていました。平安時代以降の資料しかありませんが、奈良時代にも行われていたと考えられています。

この国には国生み神話というのがあり、日本国は島々の集まりだという認識がありました。その島々を治めるのが天皇で、だから天皇は島々の神様を体現しているわけです。

そんなふうに、もともと海に対する信仰とか島々に対する信仰が難波に根づいていたという土壌があり、その基層の上にのっかって日想観や西方極楽浄土の信仰が根づいたんじゃないかなと、私は前から思っていました。

北川　海の向こうは他界というか異界というか、自分たちの住む世界とは違う世界だという意識が古代の人々にはありました。伊弉諾《いざなぎ》と伊弉冉《いざなみ》が次々と島を産んでこの国をつくったという国生み神話の舞台は大阪湾であり、上町台地からの風景がそうした神話をつくらせたのだと思います。大阪湾には「難波八十島」と呼ばれたたくさんの島々が浮かんでいました。それが国生み神話の原風景だと思います。国生みを終えた伊弉諾は淡路島に幽宮《かくれのみや》を営んで、そこに隠れます。死後の世界が淡路島の向こう側にあるとするのも、上町台地から西に大阪湾を眺めた風景を反映した世界観でしょう。そうした世界観がもとになって、神々の世界が浄土信仰という仏の世界へと転換していったのだと思います。

河内　八十嶋祭をとりしきる生國魂神社は、まさに、国土が生まれる魂の社ということですよね。

北川　生國魂さんは、わが国土の霊魂である生島・足島の神を祀る神社ですから、王権にとって極めて重要な聖地でした。

河内　平安時代から鎌倉時代まで八十嶋祭の記録が残っていますが、古代王権の性格からして奈良時代、あるいはもっと古く、もしかしたら上町台地に都が置かれた頃から行われていたと考えてもおかしくないでしょう。

平清盛の正室、時子が二条天皇即位の折にこの女官の大役を務めていますので、昨年（２０１２）の大河ドラマ『平清盛』に八十嶋祭をぜひ登場させてほしいとＮＨＫに投書を出しましたが、通りませんでした。（笑）

室町時代になりますと、『康富記《やすとみき》』という公家の日記に天神祭の記述が出てまいります。もっとも、天神祭そのものは平安時代の天暦5年（951）に始まっています。

明応5年（1496）には、真宗中興の祖とされる蓮如上人が、当時は石山と呼ばれた上町台地の北端の地を見初めて御坊を建てました。その折の「おさか」という地名が「おおさか」に転じるわけですけど、大坂城の前史ともいうべき石山御坊、のちの大坂本願寺についてご説明いただけますでしょうか。

本願寺王国の首都

北川　蓮如上人（口絵Ⅰ参照）というのは浄土真宗本願寺の8世の上人ですが、蓮如が出てくるまで本願寺はほんとうに小さなお寺にすぎませんでした。極端な言い方をすれば親鸞の墓守の寺といった感じです。浄土真宗の中では高田派や佛光寺派の勢力が圧倒的に強かったのですが、蓮如は一代で各地に教線を拡げ、あっという間に本願寺をわが国最大規模の仏教教団にのし上げました。

蓮如は堺を重要な布教の拠点にしており、堺には蓮如が住む「信証院」というお寺もありました。明応5年（1496）、蓮如はその堺へ向かう途中で、いまの大阪城の場所が大変良い所だと見初めたそうです。現在はJR京都駅前に東本願寺があり、その西側に西本願寺があって、本願寺は二つに別れていますが、蓮如の頃は一つで、京都郊外の山科に本願寺の本山がありました。蓮如の建てた大坂御坊は、いまの言葉で言えば大坂に建てられた山科本願寺の「別院」でした。10世の証如のときに山科本願寺が法華宗（日蓮宗）徒の攻撃を受けて焼亡し、その結果、本山機能が大坂御坊に移ってきます。それからは大坂御坊が本願寺の本山になり、全国を席巻する一向一揆の総司令部として機能することになりました。

私が大変面白いなと思うのは、ふつう今川義元でも織田信長でも、また武田信玄でも上杉謙信でも、「上洛」といえば天皇のいる京都を目指すのに、本願寺の門徒たちは大坂本願寺にやってくることを「上洛」と呼んでいます。山科本願寺が法華宗徒の焼き打ちを受けたように敵対勢力からいつ攻撃を受けるかわからないので、門徒たちが一定期間、大坂本願寺に滞在して警備をするのですが、そのときに彼らは「在京」しているという表現を使っています。真宗の門徒にとっては、天皇のいる京都ではなく、本願寺本山のある大坂が都だという認識があったことがわかります。

日本史の教科書や副読本に戦国時代の勢力地図が載っています。九州だと島津・大友・龍造寺、四国だと長宗我部、中国地方には毛利・尼子……といった感じで勢力範囲を色分けした地図で、時代とともに勢力範囲が変化します。そうした地図で、本願寺がどのように表現されているのかなと、いろいろな教科書・副読本を調べてみたことがあります。すると、大坂にポンと点が打ってあって「本願寺」と書いてあるだけなんです。一帯は織田の勢力圏で、その中にポツンと本願寺があるという表現になっているんです。こうした地図を見たら、本願寺なんて、取るに足らない弱小勢力に過ぎないと思えます。でも、それが本願寺の実態だと思ったら大間違いです。

たとえば毛利氏が毛利氏の領民だと思っていても、彼らは一面では本願寺の門徒なんですね。三河で徳川家康が自分の領地だ、領民だと思っていても、本願寺側から見れば本願寺の勢力圏で、そこに住む人々は本願寺の門徒だと思っているわけですから、別の地図をもう一枚用意しなければ本願寺のほんとうの巨大さは表現できません。信長の勢力範囲よりもはるかに広い地域が本願寺色に染まるかもしれないんです。

河内　のちの領国大名のイメージだけで見ているからそれがわからないんでしょうけど、真宗門徒にしてみれば全然違う日本地図になったということですね。

北川　本多正信という有名な家康の腹心がいますが、本願寺と徳川家康が対立したときに、彼は主君の家康ではなく、本願寺側の三河一向一揆に与《くみ》したんです。領民だけでなく家臣にも本願寺の門徒がいるわけで、それが本願寺の巨大さ、怖さです。そんな本願寺王国の首都が、まさに大坂だったと思います。

河内　日本は多神教の国ですけど、あの時代は例外的に一神教に近づいたような……。

北川　そうですね。たくさんの教典のうち法華経しか認めない法華宗（日蓮宗）と、数ある仏さんのうち阿弥陀さんしか認めないという浄土真宗——この二つの教団が、歴史的にいうと、一神教的な色合いを持っていると思います。

河内　信長・秀吉・家康といった天下人たちには、そんな大坂本願寺的な性格がさぞや怖かったことでしょう。

北川　そうでしょうね。江戸時代の大坂には11の寺町に185カ寺がありましたが、浄土真宗の寺は一つも入れてもらえなかったんです。江戸時代の大坂は「永代地子免除」で、土地にかかる税金は町人でもタダだったのですが、それとは別に労働で払わないといけない税金などがありました。寺町に入るとそれも免除されるので、ほかの宗派のお寺は無税でした。ところが、真宗の寺は町人と一緒で町の中に住まわされたので、地代以外の税金は納めないといけなかったんです。

その理由は、真宗は信長・秀吉・家康という「公儀」にずっとたてついてきたからだと記されています。江戸時代になってもそのような仕打ちがなされるほど、権力者にとって、真宗は憎らしい存在、嫌な存在だったということでしょう。

河内　時の権力者にしてみたら、主君であるはずの自分たちを飛び越して仏さんに直接仕えられてしまうというのは脅威ですよね。家康も本多正信の離反には大きなショックを受けています。

北川　蓮如自身は門徒たちが世俗の権力と敵対することを否定していたんです。親鸞は原理主義者でしたが、蓮如はいたって現実主義者でした。浄土真宗の教義では認められないことでも、蓮如は妥協できる人でした。たとえば、浄土真宗では「神祇不拝《じんぎふはい》」といって、日本の神々の存在も否定します。

でも、浄土真宗の門徒の集落を訪ねても、鎮守の神社が存在します。蓮如は、「お前たちが昔から拝んできたのであれば、それはそれで続けたらよい」と、神社の存在を容認したのです。蓮如が人々にそうした態度で臨んだからこそ、真宗が広がっていったのです。親鸞の原理主義では広まらなかったのです。

世俗の権力との向き合い方も同様で、真宗の教義と権力側の主張が相容れない場合でも、蓮如は「王法があっての仏法だ。権力には従い、その中で浄土真宗を信心せよ」と説いています。でも、次第に制御が効かなくなっていくんです。蓮如がいくら制しても、門徒たちは世俗権力に抵抗し、戦争をしかけていくようになってしまうんですね。

河内 それほどまでに大坂本願寺の存在感が図抜けていたということを、ピンときていない日本人がいまは多いですよね。

北川 そうですね。戦国時代というと、戦国大名同士が戦いに明け暮れた時代という認識です。でも、おそらく織田信長にとって最大最強の敵は、武田信玄や上杉謙信ではなくて大坂本願寺だったと思います。あの信長でさえ、11年かかっても結局、倒すことができなかった。同じ土俵での戦いになっていないと思うんですね。

河内 本願寺と信長との石山合戦は11年続き、最終的に本願寺は紀州に退却します。それから貝塚、天満と戻ってきて最後は京都へ行くわけですけど、戦国時代に一大宗教王国を築いた大坂本願寺の遺構というのは出てこないんでしょうか。

北川　中枢部はいまの大阪城内にあったと思われますが、特別史跡になっている大阪城内では簡単に発掘調査ができないんです。

でも、発掘調査をしないと豊臣大坂城の遺構も確認できません。本願寺は、さらに豊臣大坂城の下になりますので、なかなか本願寺の中枢部に関しては発掘調査のデータを得られない状況です。周辺部では本願寺期の資料はいろいろと出てきてはいますが……。

天下統一の拠点

河内　先日のＮＨＫテレビで、北川先生が、織田信長は安土の次には大坂に本拠を置こうと考えていたんだとおっしゃっていました。

北川　今川義元にしろ武田信玄にしろ上杉謙信にしろ、上洛、上洛と言っているわりには、武田信玄は本拠地を甲斐の躑躅ケ崎館《つつじがさきやかた》に置いたまま、上杉謙信は春日山、今川義元も駿河に置いたままでしょ。一時的に京都を占領することは可能でも、本拠地がそんなに遠くにあっては京都で政権を維持するのは難しいと言わざるを得ません。

信長のすごいところは、勢力範囲を広げるごとに、清洲から小牧、岐阜、安土……徐々に本拠地を畿内に近づけていった点です。緻密な計画のもとに天下統一を進めているのです。安土の段階で本能寺の変が起こってしまったので時代の名前にも「安土」が残りましたが、『信長公記』に「抑《そもそ》も大坂は凡《およ》そ日本一の境地なり」と記されるように、信長は大坂という土地を大変高く評価していました。天正10年（1582）の本能寺の変の時点では、まだ中国地方の毛利氏や四国の長宗我部氏と交戦中で、大坂は前線に近く、信長政権の本拠地を置くには危険でしたが、中国攻めや四国攻めに一定の目途が付いた段階で、信長は大坂に本拠地を移すつもりでいたのではないでしょうか。

秀吉が天下統一の拠点を大坂城に置いたことが何よりの証拠ではないかと思います。天正11年（1583）の賤ヶ岳合戦でライバル柴田勝家を倒し、信長後継者の座を不動のものとした秀吉は、京都・大徳寺で信長の一周忌法要を済ませ、すぐに大坂城に乗り込んで本拠地とし、天下統一事業に邁進します。この段階の秀吉は、自分が信長の正当な後継者であることを内外に強くアピールしました。信長の一周忌法要を盛大に営んだのもその一環です。大坂城に本拠を据えたのもおそらくそうで、信長がそのように構想していたからだと思います。

秀吉の大坂遷都構想

北川　実は秀吉は大坂に遷都しようとしていたんです。これについてはイエズス会宣教師の報告や国内の史料で確認できます。そこには、大坂に城を築くとともに、京都を大坂に引きとるつもりだと記されています。朝廷や五山をはじめとする主だった寺院に遷都を持ちかけますが、結局は、逆に秀吉が朝廷から餌を与えられて、自ら京都に聚楽第《じゅらくだい》という城を築いて大坂から移っていくことになります。でも、秀吉が本気で大坂への遷都を計画していたことは間違いありません。

河内　御所をどのへんに置くつもりだったんでしょうか。

北川　御所は北にないといけないので、天満が想定されます。これは私の先輩の内田九州男さんが研究されたんですが、紀州の鷺森《さぎのもり》（和歌山市）、貝塚と転々としていた本願寺が天正13年（1585）5月に天満に移ってきます。それまで、あの場所はずっと空き地のまま放置されていたんです。ここが御所の予定地だったのではないかとおっしゃっています。

河内　そうしますと、大坂城から西北方向に内裏が見下ろせる位置ということになりますね。

北川　実はそれより先に信長が天皇の安土への行幸を計画していまして、天皇の御座所となる御殿を安土城内に造っています。発掘調査の結果、京都御所の清涼殿とほぼ同じ構造を持つ建築だったことがわかっています。天守の真下、すなわち自分の足元に天皇の御所を建てるということを、すでに信長がやっていたのです。

信長は天皇を安土まで呼び寄せ、しかも天守の下に天皇の御所を造ることで、天皇の権威が自分の下にあることを可視的に見せようと計画していたんです。そうした天皇・朝廷への不敬行為が保守陣営の反発を呼んで、本能寺の変につながったのではないかとも言われています。

河内 すると秀吉の大坂遷都計画も信長方式に倣ったということに……。

北川 天満は大坂城から少し離れているので、自分の足元に置くというのとは少し感覚が違うような気がします。秀吉の朝廷に対する態度は信長に比べてはるかにソフトだったように思いますが、朝廷の権威を取り込もうとしていた点では軌を一にしていたと言えるかもしれません。

河内 当今、東京海上火災の本社ビルが皇居を見おろしていると非難する人がいるようですよ。

歴史ミュージアム・上町台地

河内 大阪人としてみたら、やっぱり秀吉時代の大坂城を見てみたいと、当然ながら、思いますよね。

北川 過去に発掘調査したところで、一番見ごたえのある豊臣大坂城の石垣遺構を一般公開できないかと考えています。豊臣大坂城の中枢に当たる詰の丸の石垣です（図Ⅲ・1）。

来年の平成27年（2015）が大坂夏の陣の落城から400年になります。ちょうどよい機会なので、豊臣大坂城がこの世から姿を消してから400年ぶりに、皆さんにご覧いただけるようにしたいと思っています。

ところで、先ほど栄原先生が、NHK大阪放送局と大阪歴史博物館のある一画で、大阪市立中央体育館跡地の発掘調査が行われ、古い時代の倉庫群が見つかったとおっしゃいましたが、豊臣期の極めて重要な屋敷跡も見つかっています。それほど注目されていないようですが、秀吉が関白を譲った秀次の屋敷跡ではないかと言われています。その上には江戸時代の大坂のトップであった大坂城代の屋敷跡も重なっています。

あの場所は5世紀から江戸時代までの遺構が重なって存在している、ものすごく重要な場所で、これほど日本の歴史の中核に関わる遺構が重なっている場所というのはめったにないと思います。

図Ⅲ・1　豊臣大坂城の詰の丸石垣
（大阪城天守閣蔵）

栄原　本当に奇蹟的に残った稀有な場所だと思います。大阪の歴史が一カ所で積み重なってわかるという意味でも非常に珍しいところです。

河内　時代順にたどっていきますと、5世紀の応神・仁徳期の倉庫群、7～8世紀の前期・後期の難波宮、15～16世紀の大坂本願寺、豊臣大坂城、そして17世紀の徳川大坂城……というわけで、日本で一番古く、しかも厚みある都市遺跡ということになりますか。

栄原先生のご提案にもありましたように、今後

図Ⅲ・2　幕末大坂城湿板写真原板「本丸東側諸櫓」
（大阪城天守閣蔵）

どういう風に見せていくかが課題です。大阪歴史博物館では地下にある難波宮の礎石が足元のガラス越しに見えるようになっています。いま改修中の姫路城も横から見えるようにサービスしてくれています。上町台地も蟻地獄のように歴史の位相を断面として見せられないものでしょうかね。

徳川氏の築城

北川　豊臣の大坂城は、天正11年（１５８３）から築城が始まり、秀吉が亡くなった翌年の慶長4年（１５９９）まで、断続的に工事が続き、どんどん巨大化していきました。その後、大坂の陣が起こって豊臣家が滅び、大坂城が落城してしまうのが慶長20年（元和元年、１６１５）

のことです。

これにより徳川幕府の全国支配が貫徹するわけですが、幕府は、当初、伏見城に西国支配の拠点を置いていました。ところが、2代将軍の秀忠が、伏見を廃城にして再び大坂に城を築くことを決めました。しかも、石垣の高さも、堀の深さも豊臣大坂城の2倍にせよという命令を出すのです。大坂は前代の政権である豊臣家の本拠地でしたから、それよりも巨大な政権ができあがったということを誇示するために、秀吉の大坂城を完全に地中に埋め尽くす形でいまの大坂城を築き上げたのです。

江戸時代の大坂城というのは幕府の西国支配の拠点で、江戸の老中や京都所司代と同格の大坂城代という重職が置かれ、譜代大名が就任し、西日本全域を管轄していました。さらに副城代ともいうべき立場の定番という役職に就く大名が2人、大番という幕府正規軍が2組、大番の援軍に当たる加番という役職に就く大名が4人——大坂城にはこれらの軍勢が常に常駐していたのです。江戸時代の大坂は幕府の西日本支配の拠点都市でした。こうした役職に就き、大坂城にやって来るのは、譜代大名と旗本ばかりで、すべて徳川の家臣なんですけれど、彼らがこの城は秀吉の築いた城だと勘違いするんです。徳川譜代の大名・旗本たちが大坂城について秀吉伝説を語り出すんです。

いまでは蛸石が城内で一番大きな巨石であることがわかっていますが、江戸時代を通じて戦前までは、追手門学院を出たところの京橋口にある肥後石が一番の巨石だと言われてきました。なぜ「肥後石」かというと、大坂城で一番大きな石だから、秀吉家臣の内で一番の忠臣であった加藤肥後守清正が引っ張ってきたに違いない、ということで「肥後石」という名前になったようです。先ほど栄原先生が少年時代に刻印を集めて歩いたとおっしゃっていましたけれど、大坂城総合学術調査が行われるまでは、大坂城の石垣には石田三成をはじめとする秀吉の家臣たちの刻印が入っていると言われてきました。そして、大坂城に着任した徳川の大名・旗本たちは大坂城の豪壮な高石垣や広大な堀、石垣にはめ込まれた巨大な石を見て、「秀吉はやっぱりたいした人だ。さすがは太閤さんの城だ」と感心したのです。徳川家の権力が豊臣家のそれを凌ぐ強大なものであることをアピールするのが大坂城を再築した徳川秀忠の狙いでしたが、皮肉なことに大名・旗本たちは徳川再築の大坂城を見て秀吉の偉大さを語ることになったのです。彼らの語り始めた秀吉伝説が、以来ずっと、昭和30年代まで大阪の人々にも語りつがれてきたのです。

読売新聞が東京から大阪に進出してきまして、昭和34年（1959）に、その読売新聞社と大阪市、大阪市教育委員会が一緒になって大坂城総合学術調査を実施しました。この調査で初めて、現在の大阪城の本丸地下に石垣が見つかったんです。翌昭和35年（1960）に幕府の大工頭だった中井家から豊臣大坂城の本丸の平面図が偶然見つかりました。この平面図と現在の本丸の図面を重ね合わせると、大坂城総合学術調査で発見された地下石垣と平面図に描かれた石垣とがピタリと一致したので、本丸地下の石垣遺構が豊臣大坂城のそれであることが確認されました。以降も、重ね合わせ図に従いボーリング調査をすると、その通りに石垣が出てくるので、豊臣大坂城は全部地下に埋められ、現在我々が目にするのは徳川製の石垣だと、やっとわかったわけです。

昭和30年代の大阪市役所は、そんなことを大阪市民が知ったら驚いて卒倒するのではないか……そこまで思ったかはどうかわかりませんが、いずれにせよ調査によって明らかになった新事実は大阪城や大阪にとって、メリットよりもデメリットの方が大きいと判断され、公表されなかったのです。そうした事情もあり、随分ながらく豊臣大坂城と徳川大坂城がまったくの別物であることが知られずにきたのです。

特別史跡・大坂城

河内　さっきのお話ですけど、大坂城を発掘しようとしても、許可を得るのがそんなに大変なんですか。

北川　大変なんです。特別史跡というのは全国に61カ所で、各都道府県に1個か2個しかなく、大阪府下では大坂城と枚方の百済寺跡の2カ所だけです。史跡の中でもとりわけ重要なところが特別史跡の指定を受けています。もちろん特別史跡や史跡は文化財を守るために指定されているわけですが、大坂城の場合、現在我々が目にする地上の遺構が指定されているわけで、発掘すると、それらの遺構を破壊することになり、とんでもないという理屈になるらしいんです。先ほどの栄原先生の講演の中に、難波宮の下には下層遺跡があるという話がありましたが、いまの大阪城は徳川再築の大坂城ですから、その下にある豊臣大坂城の調査をしたいと希望しますと、「特別史跡の大坂城跡を破壊するのか」と言われてしまうんです。

私たちは、大坂城の歴史を解明する上でも地下の遺構確認は重要だから、部分的にでも発掘させて欲しいと、長年交渉を続けてきました。ようやく了解を得られる状況になってきました。平成27年（2015）に実現できるかどうかはわかりませんが、近い内には豊臣大坂城の石垣遺構をご覧いただけるのではないかと思います。

設備の改修や石垣修復工事などにともなう発掘調査は少しずつ行われているんですが、純粋な学術目的の発掘調査はなかなか認められないのです。部分的にせよ、豊臣大坂城までは何とか調査できるかと思うんですが、本願寺の遺構にたどり着くのは容易なことではありません。栄原先生の御講演にもありましたように、現在の大坂城域にも難波宮の跡が広がっていましたので、本願寺のさらに下には難波宮の遺構があるはずです。しかし、特別史跡の指定を受ける大坂城ではなかなかそこまでたどり着くのは難しいかなという感じです。

河内　そんなに厳しいのに、オートバイのモトクロスなんかは国が許可するんですね。

北川　私も驚きましたが、地下の遺構に影響がないんであれば……ということだったみたいです。

幕末維新期の大坂

河内　江戸時代は徳川の城でずっと来まして、幕末に徳川幕府最後の二代の将軍がやってきたときは、一時的に大坂が政治首都のようになったと考えてよいでしょうかね。

北川　京都の二条城と大坂城を行き来しているんですね。家茂と慶喜の二代は大坂城も幕末政治の重要な拠点になったことは間違いありません。

慶喜にしてみれば、大政奉還で形式的に政権を朝廷に返しても、朝廷に政権担当能力はなく、実質的には幕府を頼らざるを得なくなるだろうという思惑があったようで、それまでの幕府とは違う形で、天皇を上に戴き、慶喜が大君、言わば総理大臣のような立場になり、そのもとに議会を置くというイメージの新体制をつくるつもりでいたようです。大坂を首都にする構想を持っていました。

河内　大久保利通の大坂遷都論というのもありました。

北川　大久保がどこまで本気で大坂遷都を考えていたのかわかりませんが、大坂遷都の建白書をまとめ、提出したことは事実です。遷都は実現しませんでしたが、大坂行幸が行われ、明治天皇が大坂を訪れました。

河内　北御堂（本願寺津村別院）が行在所になっていますね。

旧制三校の前身である舎密局《せいみきょく》もこの近くの大手前に置かれましたから、新政府は本気で大阪を首都にしようと考えたんじゃないでしょうか。

北川 陸軍所（のちの陸軍省）も大阪で産声を上げていますので、政治的な拠点になる可能性は十分ありましたが、一説には、大久保利通はもとから江戸へ天皇を移すつもりで、とりあえず大阪への遷都をぶち上げた、とも言われているようです。言わば当て馬ですね。

河内 最初から関東と言ってしまったら抵抗勢力が騒ぐからと——。

北川 関東はながらく幕府の本拠地だったんで、天皇という権威をもっていかないと東日本の混乱を収拾できない。あの時点で日本が東西に割れる可能性は十分にありました。幕府のバックにはフランス、薩長のバックにはイギリスがいましたから、東日本の混乱を早く収めないと日本が分裂してしまうとの危惧が新政府の首脳部にはあって、関東に天皇をもっていくという方針は早くに決まっていた——と聞いたことがあります。まったくの専門外なので、ほんとうかどうか、詳しいことはわかりませんが……。

河内 こうお聞きしていますと、大阪は古代からずっと首都に成りかけては潰されるというか……。（笑）

日本史の表舞台として

河内　倭の五王から明治期までの１４００～１５００年を駆け足で見てきましたが、上町台地が歴史の表舞台に出てくるとき、そこに何かしら共通点があるのか、つまり、どういうときに注目を浴びるのかということですけど――。

栄原　先ほど控室で話しているとき、河内さんが「福原も一緒ですね」とおっしゃっていて「あっ」と思いました。福原は平清盛の日宋貿易の拠点として栄えましたが、大きい目で見て大阪湾一帯、特に大阪湾北半分というのを一つとして考えたとき、権力の目が西のほうにいったときに――西というのは西日本、さらに奥にある朝鮮半島・中国大陸……当時の世界ということですけれども、権力者が西のほうに目を向けたときに、福原も含めた大阪湾北部一帯がクローズアップされるという感じがします。

倭の五王の時代、武器などに必要な大事な鉄が当時の日本では採れなかったと言われています。砂鉄なんかはあったんですけれど、鉄素材は朝鮮半島から入れないといけなかった。それを独占するということが、権力を握る者にとって一番の重大事でした。

卑弥呼の時代からそうでしたけれど、先進の文物を独占し、それを同盟している人に配ることによって自分の権威を高める。そのため倭の五王たちにとって西のほうへ出ていくというのは絶対に必要なことでした。それが権力者として続けていくための大前提で、そういうときに難波が注目されました。

大化の改新のときは朝鮮半島が大動乱の時代でした。すごい動乱の時代になり、日本のことだけ考えていてはダメだというときに、為政者は難波に出ようとするんです。

中世以降についても、西のほうへ目が向くと大阪へ出てくる。瀬戸内海の東の端っこにあるという地形的な問題もあって、大阪は西の世界に開いている玄関口というふうに思えるわけですね。

河内 大阪も時代によってかなり変動があり、人口も増えた時代、減った時代とありますけど、何かしら一貫した歴史的・地政学的な性格が上町台地にはあると見てよろしいですか。

栄原 と思いますね。NHKのある場所がそれを象徴的に示しています。倭の五王の時代から江戸時代までの遺跡が同じ場所に積み重なっているんですから。

河内 そういう由緒ある場所に追手門学院は大阪城スクエアという素晴らしい施設を建てられました。とりわけこの部屋からは大阪城の石垣がよく見えますけど、来年（平成27年）から再来年にかけて「大坂の陣から400年」を記念するようなプロジェクトはありますか。

北川 大坂城が落城した事件ではあっても、大阪の歴史上、最大の事件であり、日本の歴史が豊臣から徳川へと移る決定的な節目になりました。豊臣・徳川双方に分かれ、日本各地の大名・武将も参戦しましたので、全国の方々の関心も高く、大阪城や大阪の歴史を知ってもらうには絶好の機会だと思っています。まだ具体化はできていませんが、いろいろと企画を練っているところです。

河内　来年のＮＨＫの大河ドラマ『軍師官兵衛』にも絡んでくることでしょうし。

北川　そうですね。また大阪城が重要な舞台になります。

質疑応答

質問者　阪神高速道路の東大阪線を通す工事の際、地下にある遺構を傷めないように、あそこだけわざわざ高架にせず地上を走らせて道路を造っていますが、むしろ徹底的に掘削して調査をし、記録保存した上で高架の道路を造るべきだという意見を私は持っております。いまの状態では将来の調査もまずできませんし、遺跡がわからんまま眠ったままになります。

北川　先ほどの大阪城を発掘する問題にも関わってきますが、文化財を保護する、保存するという場合、どういう理由で何を保護するのかということが問題になります。あれについては、いままで、道路の下の遺構を破壊せずに残しているということの意義が強調されてきましたが、私はあの道路の位置そのものを変えて欲しいと思っています。大阪城と難波宮という二つの史跡公園、歴史公園を一体化する上では、あの道路が非常にネックなんです。

栄原　阪神高速道路の問題というのは微妙でして、一体化構想にとって一番の問題点です。

私は考古学の専門ではないのですが、調査の技術というのはどんどん進んでいくわけですね。将来さらに進んだレベルの発掘調査ができるようになれば、もっと様々な情報を得られるかもしれない可能性がありますから、いま調査してしまうことが本当によいのかを常に考える必要があります。いまだったら50しか得られないけれども将来は100得られるかもしれない。遺構・遺跡というのは、現在は私たちのものであっても、過去の人々から受け継がれてきた、かけがえのない遺産なので、いまの都合で勝手なことはしないほうがよいというのが、私の基本的な考え方です。

阪神高速道路や中央大通りが100年後も重要かどうかわかりません。100年後の大阪がどうなっているのかもわからないですよね。そのときには道路を外してよいかもしれないし、なんともわからないんですけど、遺構が地下に残っていることは確実にわかっていますから、5年や10年でなく100年200年後を考えて計画を立てていくべきじゃないかなというのが私の意見です。

質問者　阪神高速道路の下を走る中央大通りは戦後も後になってからできたと思います。市電が走っていたのは本町通りのほうでして、本町通りはあまり幅がないと思うのですが、それをわかっていてやったのか、わからないまま先にやってしまったのか……ほかに方法があるやろうと思うんです。

栄原　何で中央大通りが付いたのかはよく知りません。現在は下に地下鉄が通っているというのもなかなか大変ですが、いまの大阪の物流、交通体系は不変ではないと思います。どこかで新しい道路が付いたら流れが変わるんじゃないでしょうか。いまは中央大通り、阪神高速道路がメインですけれども、100年後もそうかな……と想像したりしております。

質問者　福原に本拠を置いた平清盛にしろ、神戸を拠点に仕事をして中国・朝鮮との連絡を取ろうということでしたが、従来の政権に就いた権力者たちが、なぜ日本海側に目を向けて港を造らなかったのか。朝鮮半島・中国大陸に近いし、琵琶湖の一番端までなら距離もそうないから、輸送も可能です。何で大阪とか神戸とか瀬戸内海を遠回り大回りして運ばないといけなかったのかというのが疑問です。

栄原　海上輸送というのはターミナルだけの問題じゃないんです。昔は航続距離が短かったので、風待ち港とか管理港とか倉庫とか、そのような関係する港群が点々とベルトのようにつながっていて機能を発揮しました。日本海側はそこまでは発達していません。距離は近くても難破したら終わり。瀬戸内海の場合、様々な施設が充実しています。だから難波と博多だけを見ていたのではいけない。その間の多くの施設等々の連続体としての港群が必要だと考えたときに、日本海側より瀬戸内海のほうが有利だったのです。

質問者　私は大阪で生まれ育ちましたが、「堀江」と聞くと、どうしても西区の堀江を連想してしまいます。

北川　慶長3年（1598）に北船場が開発されまして、それから南船場、西船場、堀江と順々に開発されていきますので、古代の難波の堀江と西区の堀江には連続性がなく、まったくの別物です。

ただ、その二つが全く無関係かというと、実はそうでもないのです。皆さんは信濃の善光寺の縁起をご存じでしょうか。欽明天皇の時代に百済からもたらされた我が国最古の仏像がのちに信濃の善光寺に祀られたというお話です。その縁起の中で、仏教を信じない廃仏派の物部守屋が蘇我氏の祀っていた仏像を奪い難波の堀江に投げ捨てるというくだりがあります。のちに仏像がこの堀江から再び姿を現し、本多善光に背負われて信濃に行き、やがて善光寺が建てられ、本尊として祀られるという物語になっています。信濃の善光寺といえば我が国を代表する聖地・霊場の一つでしたから、その善光寺如来出現の地があれば、たくさんの人々が訪れるに違いないということで、新開地である堀江の振興策の一環として、古代の難波の堀江と江戸時代の堀江を結び付け、堀江に阿弥陀池（口絵Ⅱ参照）ができました。元禄年間（１６８８〜１７０４）のことでした。ここが善光寺縁起に語られる難波の堀江や、善光寺如来の出現の地や、ということで、あっという間に大坂を代表する名所、観光地の一つになりました。古代の難波の堀江と江戸時代の堀江が善光寺縁起を仲立ちにして引っ付いたというわけです。

私は江戸時代にお伊勢参りや西国三十三カ所の巡礼に出た旅人の道中日記を集めて調べていますが、当時、大坂を訪れた旅人のほとんどが阿弥陀池の和光寺を訪ねています。有名な信濃の善光寺如来はここから出現したのかと、多くの旅人が見に来たんです。

栄原　堀江というのは、掘った江――江を掘るということですから普通名詞です。水面を掘れば、どこだって堀江です。大阪はたくさんの掘を掘ってきた水の都ですから、どこでも堀江という地名がありうるわけですけど、古代でも古い段階で行われた、上町台地に阻まれていた大和川・淀川の水を排水するための工事が歴史的な大工事だったので、堀江という地名が記憶として残ったんだろうと思われます。

質問者　難波宮のことを、先ほど難波長柄豊碕宮とか言われませんでしたか。

河内　前期難波宮の正式名称が難波長柄豊碕宮なんです。

質問者　そうなんですか……。豊碕の神社が長柄のちょっと先にありますね。

栄原　豊碕も豊かな岬という意味の普通名詞です。豊碕というのは上町台地のことでして、その地名が近くに移っていって付いたわけです。長柄というのは上町台地の先端あたりの地名でした。いまの長柄と豊碕を知っているから、現在の上町台地の先端を難波長柄豊碕と呼ぶのをなんかおかしいなと思うけれども、古代の人にとっては何もおかしくなかったわけです。

上町学プロジェクトの今後

北川　今日の講演で栄原先生から難波宮を将来の人に手渡していくというメッセージを発せられましたけれど、私の方は大阪城を次の世代に伝える責務があると思っています。大阪城の遺構と難波宮の遺構は重層的に重なりますので、両者の全容を同時に表現するのは難しく、「南に難波宮、北に大阪城」という形で、二つの史跡公園、歴史公園を一体化させ、大阪が誇る歴史公園として整備し、次世代につないでいきたいと思います。

栄原　大阪城と難波宮を比べると、どうしても難波宮が負けてしまうんですね。世界規模でも大阪城のほうが有名で、外国人は大阪城へは行っても難波宮までは来てくれないということがあります。今日いらっしゃっている皆さんは難波宮をよく知っている方々だと思いますが、皆さんの背後にいらっしゃる、何も知らない大阪市民・日本国民に難波宮が日本人にとって大事な遺跡であるということを伝えていくことが重要だと思っています。

上町台地先端部には難波宮・大阪城以外にも重要な遺跡や遺構、お寺や神社……そういうものがたくさんあります。「追手門学院　上町学プロジェクト」など、様々な活動をしている団体がたくさんあります。それらが一つになってしまう必要はなく、それぞれの観点から特色のある活動をしていただいたらよいと思うのですけど、もうちょっと連絡を取り合って、うまく手を携え、協力しながら難波宮を知っていただくことが、まずは重要ではないかと思っております。

河内　本日のフォーラムはこれで終了しまして、上町学プロジェクト委員で追手門学院大学地域文化創造機構の副機構長、山本博史よりご挨拶いたします。

山本　地域で生まれた、あるいは継承された文化を再発見し、また、様々な地域文化・都市文化を創造する――魅力ある文化が地域をつくり都市を豊かにするということを目指して、平成24年（2012）の4月に発足した追手門学院大学地域文化創造機構の事業の一つとして「上町学プロジェクト」は実施しております。

次年度の上町学プロジェクトの概要を説明させていただきます。

平成25年（2013）は難波大道ができて1400年になるということで、5月18日に天王寺あたりから大和川を越えて今池遺跡のあたりまで歩く計画をしております。今池遺跡から北に上がった、難波大道よりちょっと東のほうに架かる行基大橋から迂回していくコースになるかと思います。

河内（松葉杖で立ち上がり）日本最古の官道、難波大道を歩くという心弾むプランを立てた途端、左脚の甲を骨折してしまいました。（笑）

山本　また、はびきの市民大学との大学提携授業として「上町学～上町台地の現在・過去・未来」を4月20日から7月13日まで全12回、土曜日の15時から実施いたします。

それから、細川ガラシャが慶長5年7月17日、西暦に直しますと1600年の8月25日に亡くなっていますので、8月25日に細川ガラシャを題材にした新作の地歌舞の上演を計画しております。すでに『おさか』という新作狂言を制作しておりまして、河内厚郎座長の企画による古典芸能シリーズの第2弾となります。

本日はたくさんの皆さんにお集まりいただき、ありがとうございました。

Ⅳ

上町台地と近代文学

河内　厚郎

▼ 上町台地と近代文学

幻の大阪文学館

なぜ大阪の文学者について調べるために東京の文学館まで足を運ばないといけないのか――今年（2014）4月に亡くなった評伝作家の大谷晃一（朝日新聞編集委員、帝塚山学院大学教授・学長など歴任）は嘆いていた。そんな声を受けて、大阪市教育委員会が文学館建設の構想を打ち出したのは、平成3年のことである。構想委員会の座長には直木賞作家の難波利三氏が就き、私が副座長を務めた。

私たちは、大阪の文学に詳しい大谷氏に、まず意見を求めた。氏は文学館構想に賛意を表しつつも、「大阪市は本気なの？」と、こちらの目をのぞき込むように聴き返してきた。その2年後に答申はまとめられ、以来20年以上経つけれども、氏が危惧した通り大阪文学館は実現しないままだ。歴史ある上町台地の一角、文豪・井原西鶴や織田作之助の墓にも近い、旧東平小学校の跡地に建設予定地は内定していたにもかかわらず――。その間、新世界のフェスティバルゲートをはじめとして時代遅れのハコモノを性懲りもなく造り続け、何千億円もの血税を空費してきたのが、大阪市役所という組織である。しびれを切らした民間の側で動きが起こり、戦災を免れた空堀《からほり》の町家が若者を集めるレトロな界隈に、「直木賞」の名の由来となった小説家、直木三十五（1891〜1934）のささやかな記念館ができたのは、平成17年（2005）のことであった。

大谷晃一の評伝文学

大谷晃一の評伝文学の対象は、梶井基次郎や織田作之助など上町台地ゆかりの作家たちにも当然に及んだ。詩的な感興や甘美な物語性をできるだけ排し、散文的で即物的な傾向を晩年に近づくほど強めていったから地味な印象は避けがたかったが、観念的な空理空論に惑わされず、人間のあるがままの姿を見届けようとするリアリストたらんとの自負がそこにはあったと察する。それこそが大阪人としてのバックボーンだという気概もあったに違いない。

大阪の文学へ寄せる愛情は終生変わることのなかった大谷氏だが、文庫化されてベストセラーにもなった大谷式『大阪学』シリーズについては、類型的・図式的との観が否めず（東京との対比で論を進めるくだりなど特に）、結果として大阪をユーモラスに戯画化してしまったのでは――という批判も出た。そんなところは新聞記者出身らしかったと言えるかもしれないが、その当否はさておき、巷にあふれる紋切型大阪論を脱し、優に1600年の歴史を有しながらそれを効果的にアピールできていない大阪という都会の全体像を、歴史の原点にさかのぼって明らかにしたいとの願いが、追手門学院の『上町学』には込められている。

井上靖と田辺聖子の歴史ロマン

大阪文学館構想の答申がまとめられた平成5年（1993）に竣工し、いまや外国人観光客の人気スポットとなったのが、巨大な門（ゲート）にも見える梅田スカイビルである。展望台やエスカレーターでは「エキサイティング！」といった外国語が飛び交う。英紙タイムズに〈世界の名建築20選〉の一つとして、ギリシャのパルテノン神殿、インドのタージ・マハル、カンボジアのアンコール・ワット、イタリアのサンマルコ寺院、スペインのサグラダ・ファミリアなど、錚々たる建築群と並んで選ばれたこともあり、海外に広く存在を知られるところとなった。

この空中庭園をいただく摩天楼が完成した同じ年、日本最古の宮都とされる難波宮《なにわのみや》の遺跡（大阪市中央区法円坂町）から、そのメインゲートであった朱雀門の遺構が発掘されて大々的に報道されたのを記憶する人がどれほどいるだろう。

創建時（孝徳朝）の難波宮の朱雀門は、わが国初の国際政治都市の宮殿にふさわしく、直径80センチの巨大な柱、高さ約20メートルの重層建築を誇り（のちの平安京の朱雀門は高さ30メートル）、「言葉につくしがたい」という意味の賞讃、驚嘆の言葉が『日本書紀』に綴られている。7世紀の日本人にとりよほどの大事件だったのであろう。

蘇我入鹿を滅ぼした大化元年（645）のクーデターの余韻さめやらぬなか、人心一新と国際的威信の高揚をかけて築かれた難波宮は、わが国初の官寺である四天王寺の五重の塔（創建593）と共に、地方の豪族たちを睥睨したであろうか。内外の船舶が来航する難波津の高台にそびえたつことで、いっそう威容は際立ったことであろう。

長年その発掘を手がけてきた直木孝次郎・大阪市立大学名誉教授によれば、難波宮は藤原宮や平城宮など後代の宮殿のモデルになったということである。摂津・河内・和泉・大和・山城――近代以前の首都圏「畿内」のエリアが定められたのもこの時代のことで、首都に有力な豪族が集まって住むようになったのも難波宮からのことであるらしい。

井上靖の『額田女王《ぬかたのおおきみ》』（1969）では、中大兄皇子《なかのおおえのみこ》（のちの天智天皇）と大海人皇子《おおあまのみこ》（のちの天武天皇）の兄弟が、難波宮を舞台に、美貌の女流歌人・額田王をめぐって恋の鞘当てを演じるが、この長篇歴史ロマンが書かれるより前に、井上靖は『礎石』という散文詩をつくっている。


古代王宮の大極殿の礎石が出たというところには縄張りがしてあって、そこの黒土の上に一個の扁平な石が置かれてある。遺跡の周辺は、黄色の菜畑で埋められ、そこら陽炎の中をやたらに蝶が舞っている。

いつ行っても、何人かの人間が縄張りの中を覗いている。一個の扁平な石以外何もないのだが、何かしら覗かずにはいられないのだ。それもそのはず、もともとこの世には地下から地上へと逆に降って来た隕石を落ち着かせる風景はないのだ。だからここでは、菜畑も、蝶も、陽炎さえも暗い。人々は今年の春を少し異ったものに感じながら帰って行く。

「日本のシュリーマン」と異名をとった考古学者、故・山根徳太郎（1889～1973）の提唱により、それまで文献にしか証拠のなかった難波宮の発掘が始まったのは、昭和29年（1954）のことであった。

当時、井上靖（1907～91）は大阪での新聞社勤めを辞めて東京へ移っていたが、法円坂《ほうえんざか》の発掘現場にみずから足を運んだときの鮮烈な印象が、詩人のインスピレーションを刺激し、小説家のイマジネーションによって肉付けされて、地底から姿を現した幻の都をロマンチックに描かせることとなった。

西に海を臨む7世紀の上町台地に難波宮が完成した折の、ドラマチックな光景を『額田女王』の一節から引用してみよう。

――新宮は高台の上に築かれてあり、難波の街々を一望のもとに見降ろすことができた。街は暗かったが、街の向こうに拡がっている海は月光に照らされて明るかった。海は片側から街々を抱くようにして、その一端は新宮の台地の裾にまで迫っていた。
……街々の男女は申し合わせたように家を出て、辻々に集まったり、路地路地を走ったりしていた。老若男女みな異様な昂奮に包まれ、童子たちは童子たちで、すっかり眠ることを忘れていた。誰も彼もこのように美しいものを見たことはなかった。

作家としての井上靖は、『猟銃』『あした来る人』『射程』など主に阪神間のブルジョアジイを扱う現代小説から出発したが、次第に日本や西域の歴史を題材とするようになっていき、『敦煌』『風濤』『風林火山』『天平の甍』といった名作で国民的人気を勝ち得ていく。

その歴史作家としてのベースは漢籍の素養にあったかと推察されるが、創作上の直接の原点は、もしかしたら、難波宮の発掘に立ち合えた体験にあったのではなかろうか。

平城京より半世紀以上古い、この王宮の正式名は、難波長柄豊碕宮《なにわながらとよさきのみや》。長柄豊碕とは「長い柄のような形をした豊かな岬」の意で、いまは海岸線の遠くなった上町台地の往時の地形をさし、「長柄」や「豊崎」は大阪市内の町名として現在にも伝わる。

のちに中大兄皇子らが飛鳥へ都を戻そうとする際、おびただしい鼠が難波を脱出して東へ向かうという異様な場面が『額田女王』に出てくる。日本書紀の「鼠」「遷」という記述に基づく創作だが、この珍奇な記述が暗に物語るのは、都市に寄生する鼠の出現が7世紀の大阪だったということではあるまいか。野性を失った獣たちが食料の確保を求めて宮廷人たちを追うように飛鳥へ向かったのだとしたら、日本列島に現れた最初の本格的な都会、すなわち人口の集中する都市が難波であったということになろう。

この古代都市は、井上靖の『天平の甍』（1957）にも「難波の旧都」として登場するが、これは孝徳天皇の宮居した難波長柄豊碕宮（前期難波宮）ではなく、その約一世紀後に造営された聖武天皇の後期難波宮のことである。

そんな王宮の故地、法円坂町の「ファミーユ難波宮」というマンションに住んだ小説家が故・後藤明生（1932〜99）であり、現在の法円坂にはミステリー作家の有栖川有栖（1959〜）が住む。

古代の大阪に置かれた都は難波宮が最初というわけではない。それより2世紀以上前の、応神天皇の難波大隅宮《おおすみのみや》、仁徳天皇の難波高津宮《たかつのみや》の故事が伝承されてきた。

仁徳天皇が宮居したという高津宮が登場する歴史小説としては、田辺聖子（1928〜）の『隼別《はやぶさわけ》王子の叛乱』（1977）がある。仏教が本格的に渡来する以前の、大阪平野に巨大古墳が築造されていった時代を背景にしたこの歴史ロマンは、宝塚歌劇で劇化され、好評を博した。
大阪市歌の出だしにある「高津の宮の昔より、よよの栄を重ねきて、民のかまどに立つ煙」は、仁徳天皇の「高き屋にのぼりて見れば煙《けぶり》立つ民のかまどはにぎはひにけり」（『新古今和歌集』）という古歌から採られたが、このように、上町の高台から下界を見下ろす描写の例は後代にも事欠かない。

「坂」の町

昭和初期に書かれた谷崎潤一郎（1886〜1965）の『春琴抄』（1933）の冒頭部分には、中世のたたずまいを残す生玉の高台から、近代工業地帯へと変貌していく下界を見下ろしつつ、幕末から明治初期の古雅な大坂をしのぶ件りがある。

知つての通り下寺町の東側のうしろには生國魂神社のある高臺が聳えてゐるので今いふ急な坂路は寺の境内からその高臺へつゞく斜面なのであるが、そこは大阪にはちょっと珍しい樹木の繁つた場所であつて琴女の墓はその斜面の中腹を平らにしたささやかな空地に建つてゐた。

私は、折柄夕日が墓石の表にあか〳〵と照つてゐるその丘の上に彳《たたず》んで脚下にひろがる大大阪市の景観を眺めた。蓋《けだ》し此のあたりは難波津《なにはづ》の昔からある丘陵地帯で西向きの高臺が此處からずつと天王寺の方へ續いてゐる。そして現在では煤煙で痛めつけられた木の葉や草の葉に生色がなく埃まびれに立ち枯れた大木が殺風景な感じを與へるがこれらの墓が建てられた當時はもつと鬱蒼《うつさう》としてゐたであらうし今も市内の墓地としては先づ此の邊が一番閑靜で見晴らしのよい場所であらう。奇《く》しき因縁《いんねん》に纏はれた二人の師弟は夕靄の底に大ビルディングが數知れず屹立《きつりつ》する東洋一の工業都市を見下しながら、永久に此處に眠つてゐるのである。それにしても今日の大阪は檢校が在りし日の俤をとゞめぬ迄に變つてしまつたが此の二つの墓石のみは今も淺からぬ師弟の契りを語り合つてゐるやうに見える

私は春琴女の墓前に跪《ひざまづ》いて恭《うやく》しく禮をした後檢校の墓石に手をかけてその石の頭を愛撫しながら夕日が大市街の彼方に沈んでしまふまで丘の上に低徊《ていくわい》してゐた。

大阪の町を背骨のように南北に走る上町台地の生玉寺町と、台地の西のふもとに広がる下寺町。二つの町はいくつもの坂道で結ばれ、なかでも真言《しんごん》坂、源聖寺《げんしょうじ》坂、口縄《くちなわ》坂、愛染《あいぜん》坂、清水《きよみず》坂、天神《てんじん》坂、逢坂《おうさか》は「天王寺七坂《ななさか》」と呼ばれてきた。七坂周辺に緑が多いのは、寺社の森に加えて、建物を建てにくい台地西側の急斜面に広葉樹林が帯状に残されたからであるという。

図Ⅳ・1　織田作之助文学碑
（写真提供：山本博史）

２０１３年、この天王寺七坂を舞台にして短編怪談集『幻坂』を出した有栖川有栖は、「取材してみると七つの坂がそれぞれ違った物語を秘めていて、私から話を引き出してくれました。聖徳太子の四天王寺創建から１４００年の歴史を持つ大阪は、実は日本のどの町にも負けない歴史都市。中でも七坂の周辺は時間がゆっくり流れ、本当の大阪に出会える気がします」と新聞紙上で語っている。

下寺町の北に位置する中寺町には、古今の歌舞伎俳優たちの墓が鎮まる。近松門左衛門の原作になる『心中天網島』の紙屋治兵衛を当たり役とした初代中村鴈治郎の眠る常国寺には、小説家・梶井基次郎（１９０１〜３２）の墓もある。その墓石にレモンが置かれているのをしばしば見かけるのは、梶井の名作『檸檬』（１９２５）に因るもので、梶井の命日の呼び名は檸檬忌と呼ばれている。
織田作之助（１９１３～４７）の『木の都』（１９４４）には、下界から見上げた上町台地の描写と、台地の上から西の方を望んで、はるかな中世の昔に思いをはせる件りがある。

試みに、千日前界隈の見晴らしの利く建物の上から、はるか東の方を、北より順に高津の高臺、生玉の高臺、夕陽丘の高臺と見て行けば、何百年の昔から靜けさをしんと底にたたへた鬱蒼たる緑の色が、煙と埃に濁つた大氣の中になほ失はれずにそこになることがうなづかれよう。

寺町が形成される以前から、ここは夕日の名所であった。海に沈む夕日を見つめ、西の彼方にあるという阿弥陀如来の極楽浄土への往生を願う「日想観《じっそうかん》」が古代末期から流行し、鎌倉時代の歌人・藤原家隆（１１５８～１２３７）が夕陽庵《せきようあん》という庵《いおり》を建てて暮らしたことから「夕陽丘」と呼ばれるようになった。

口縄（くちなは）とは大阪で蛇のことである。といへば、はや察せられるやうに、口縄坂はまことに蛇の如くくねくねと木々の間を縫うて登る古びた石段の坂である。蛇坂といつてしまへば打ちこはしになるところを、くちなは坂とよんだところに情調もをかし味もうかがはれ、この名のゆゑに大阪では一番さきに頭に泛ぶ坂なのだが、しかし年少の頃の私は口縄坂といふ名称のもと趣きには注意が向かず、むしろその坂を登り詰めた高臺が夕陽丘とよばれ、その界隈の町が夕陽丘であることの方に、淡い青春の想ひが傾いた。夕陽丘とは古くからある名であらう。昔この高臺からはるかに西を望めば、浪華の海に夕陽の落ちるのが眺められたのであらう。藤原家隆卿であらうか「ちぎりあれば難波の里にやどり來て波の入日ををがみつるかな」とこの高臺で歌つた頃には、もう夕陽丘の名は約束されてゐたかと思はれる。（『木の都』より）

そんな口縄坂の石段を降りて行き己の青春に別れを告げる「私」の甘酸っぱい感傷で『木の都』は締めくくられる。

口縄坂は寒々と木が枯れて白い風が走つてゐた。

私は石段を降りて行きながら、もうこの坂を登り降りすることも当分あるまいと思つた。青春の回想の甘さは終り　新しい現実が私に向き直つて来たやうに思はれた。

風は木の梢にはげしく突つ掛つていた。

上町台地の文学碑

『木の都』の文学碑は、その口縄坂を上がったところに建つ。

大阪市は昭和55年（1980）以来、大阪にゆかりある文学者の生没の地や、文学作品の主要な舞台となった場所に碑を建ててきた。これまでに建立された文学碑は15基で、そのうち上町台地に建てられたのは、宇野浩二、薄田泣菫、武田麟太郎、林芙美子、直木三十五、伊東静雄らの、7基。住吉大社の川端康成文学碑を広義の上町台地に数えれば、8基となる。

薄田泣菫《すすきだきゅうきん》（1877〜1945）の『金剛山《こんごうざん》の歌』は、明治36年（1903）、『新小説』に発表した作品で、明治を代表する詩人となった泣菫が谷町8丁目にある本長寺《ほんちょうじ》に仮寓していた頃、毎朝早く起きて付近を散歩し、華やかな朝日を浴びて金色に輝く葛城山嶺に感動して歌ったものだ。その文学碑の建つ東平北公園のあたりは、その頃散歩した場所と思われる（その傍の東平小学校跡に大阪文学館の建設は予定されていたのだが——）。

同じ谷町8丁目にある妙光寺は、もとは播州の三木にあったが、天正13年（1585）に大阪へ移転した。豊臣秀吉の叔父の開山だが、ここが小林秀雄（1902〜83）が若き日に東京を出奔して仮遇した寺であることは知られていない。

図Ⅳ・2　薄田泣菫文学碑

図Ⅳ・3　武田麟太郎文学碑

図Ⅳ・4　伊東静雄文学碑
（写真提供：山本博史）

近くには、井原西鶴の眠る誓願寺《せいがんじ》や、織田作之助の眠る楞厳寺《りょうごんじ》がある。昭和11年（1936）、「人民文庫」に連載された武田麟太郎（1904〜46）の『井原西鶴』は、西鶴の生活と行動を通じ、みずからの生活を熟視するようになった作品だと言われる。

誓願寺を出ると　夏祭りを兼ねて遷宮《せんぐう》の儀式もあるといふ生玉《いくたま》の方へひとりでに足が向いてゐた　季節の到来に勢ひづいてきた蓮池の近くの金魚屋も　大きな水槽を十幾つも並べて　郡山《こおりやま》の金魚銀魚を浮べ好事家《かうずか》を待つてゐた　水も紅に染まつて目のさめるやうな眺めであつた

詩人たちにも目を向けてみよう。

三好達治（1900〜64）の詩集『測量船』（昭和5年、1930）に収められた「雪」が、上町台地から雪の降り積む街々を見下ろしてつくられたとは、大阪平野に育った詩人・佐々木幹郎の説だ。

太郎を眠らせ、太郎の屋根に雪ふりつむ。
次郎を眠らせ、次郎の屋根に雪ふりつむ。

しんしんと降り積もる雪が市井の音も色も吸い込んでしまうような夜の静寂の中、安らかな子供の寝息が聞こえてきそうな詩である。そんな子供の寝姿に、堺筋界隈で生まれ育った自身の子供時代を重ね合わせていたのか。近代大阪が生んだ最高の詩人が見下ろしていたというのは、どの坂の上だろう。石畳の真言坂か。長い石段が続く清水坂か。あるいは、古代には四天王寺から海へと下り、十七条憲法がすり合わされたという「合邦の辻」に近い逢坂だろうか。

伊東静雄の詩業

三好達治が「清新な、繊細な、また明確な彼の手法で一歩一歩刻印をうつよう跡付けてきた」とその詩業を讃え、三島由紀夫が心から敬愛したという、伊東静雄（１９０６〜５３）の文学碑は、阿倍野の松虫に建つ。

百千の

百千《ひゃくせん》の草葉もみぢし
野の勁《つよ》き琴は　鳴り出づ

哀しみの
熟れゆくさまは
酸《す》き木《こ》の実
甘くかもされて　照るに似たらん
われ秋の太陽に謝す

明治39年（1906）、長崎県諫早《いさはや》に生まれた伊東静雄は、昭和4年（1929）に京大国文科を3番で卒業して住吉中学校（現・住吉高等学校）に就職し、生涯教職を離れなかった。昭和10年（1935）、詩集『わがひとに与ふる哀歌』を自費出版して、萩原朔太郎から「ひさしく抒情詩が失はれてゐた」と激賞され一躍詩人としての名を高めたが、その前にこんなことがあった。

郷里諫早出身の先輩、英文学者の酒井小太郎を姫路に訪ねた折、その次女の百合子を見初めて恋するようになるが、まもなく郷里の父の死で静雄は1万円という負債付きの家督を相続することになり、百合子への恋を断念したのであった。詩集のタイトルにある「わがひと」は百合子のことだと言われる。

静雄は父の借金を何年もかけて返済する。

美しい故郷は
それが彼らの実に空しい宿題であることを
無数な古来の詩の讃美が証明する

住吉中学で伊東の教え子だった芥川賞作家の庄野潤三（1921〜2009）によれば、伊東静雄は「つねにひとり目ざめている人間の不幸というものをいやというほど味わってきた人であった」。百舌鳥《もず》古墳群の中にある三国ケ丘の家を空襲で焼かれた静雄は、住吉中学の宿直室にしばらく寝泊まりしていた。「三国ケ丘」とは、摂津・河内・和泉——三国の境に由来する地名で、日本（倭国）が統一国家へと歩み始めた往時を想起させる土地柄だ。さながら古代から近代までの歴史を凝縮させたかのような、言葉の密度の濃い詩業が伊東静雄の生涯であった。それだけに敗戦のショックは大きかったようで、戦後は緊張が緩んでしまったのか、散文的でしみじみとした詩をつくるようになる。

伊東静雄の命日は、季節の花に因み、「菜の花忌」と呼ばれてきた。毎年三月の最終日曜日には諫早公園で追悼行事が行われるが、その菜の花忌という名称を「司馬遼太郎のファンが横取りした」と不快に感じている人々がいると聞き、伊東静雄の出身地、諫早の市役所に問い合わせてみた。なんでも、司馬の命日を菜の花忌と名付けた団体に異議を告げたところ、「もう決まってしまったことだから」と聞き容れなかったと、文化行政の担当者は困惑していた。当時、このことは新聞にも報じられたらしい。

これは、すなわち、司馬文学の愛好家と称する輩が、司馬遼太郎以外の文学を知ろうとしない、なかんづく大阪の文芸に関心を持たないことをうかがわせるエピソードではなかろうか。司馬が大阪府下に居住していたということでもって、あたかも大阪文化人のシンボルであるかのようにはしゃぐ向きはいかがなものか。

司馬遼太郎（1923~96）が学んだ旧制大阪外国語学校は、上町台地にあったし（現・大阪国際交流センター、古代には海外の賓客を迎える鴻臚館のあった場所）、故郷大阪に対しそれなりの愛着は持っていたであろうけれども、大阪を戯画化して聴衆の笑いを誘うといった自虐的な面が司馬にもあり、そのつど耳を覆いたくなったものだ。

伊東静雄に話を戻そう。

戦争中、反正天皇陵に降る雪を見ながら創った『春の雪』は、静雄の日本的美意識の表現が頂点に達した作品だと言われる。

みささぎふるはるの雪
枝透きてあかるき木々に

つもるともせぬけはひは
なく声のけさはきこえず
まなこ閉じ百ゐむ鳥の
しづかなるはねにかつ消え

ながめゐしわれが想ひに
下草のしめりもかすか
春来むとゆきふるあした

「春の雪」と聞いて、三島由紀夫（1925～70）の晩年の作品のタイトルを連想する人もいるであろう。三島が戦争中に伊東静雄を訪ねた折の静雄の日記には「学校に三時半頃平岡来る。夕食を出す。俗人。」とある（平岡とは三島の本姓）。その6日後の静雄の日記にも「平岡から手紙、面白くない。背のびした無理な文章」と素っ気ない。

三島はのちにこう回顧する。「氏は純潔で、孤獨で、わが少年期の師表であった。しかし今、氏の作品を讀み返してみると、その徹底的な孤獨に對して、文字どほり騷壇の人となつた自分を恥ぢるの

みである」（「祖国」より）

三島由紀夫が自決した日（昭和45年（１９７０）11月25日）の夜、詩人の小野十三郎（１９０３〜９６）は夢のなかで伊東静雄の幽霊を見たという。「私は、どことも知れぬ高い崖の上に立っていた。下を通過する汽車の一つの窓がクローズアップで私の眼にひろがって、そこに生前の面影そのままの、ばっさり髪、ぶしょう髭の幽霊の伊東がいた。」（『ユリイカ』の伊東静雄特集より）

すぐれた詩人を顕彰する賞として大阪には、大阪文学学校が主宰する「小野十三郎賞」と大阪市が主宰する「三好達治賞」が設けられている。阿倍野に居を構えた小野十三郎は、谷町にある大阪文学学校の校長を長年務め、同校は田辺聖子や玄月といった小説家、詩人の青子はるみらを輩出してきた。昨年、卒業生の朝井まかてが『恋歌』により第１５０回直木賞を受賞したことにより生徒が急増し、神奈川県から毎週通う女性もいるという。朝井まかての受賞第一作は、井原西鶴を主人公にした『阿蘭陀西鶴』で、第31回織田作之助賞を受賞した。

大阪文学振興会の主宰する「織田作之助賞」は、新進・気鋭の小説家の賞で、今年の第１５１回直木賞に選ばれた柴崎友香は、平成18年（２００６）に織田作之助賞を受け、その受賞作『その街の今は』はテレビドラマにもなった。平成26年（２０１４）には『春の庭』で芥川賞を受賞している。

V

そうだ　上町へ行こう

以下は、平成26年（２０１４）２月23日に、追手門学院大阪城スクエアにて開催された第13回上町再発見講座「そうだ　上町へ行こう」を収録したものです。

（出演者）
谷　　直樹　　大阪市立大学名誉教授、大阪くらしの今昔館・館長
長谷川惠一　　学校法人エール学園理事長、エリーニ・ユネスコ協会副会長
山本　章弘　　観世流能楽師　公益社団法人山本能楽堂・代表理事
阪口　葉子　　ユナイテッド航空関西国際空港支店長（平成26年1月まで）

（司　会）
河内　厚郎　　追手門学院「上町学プロジェクト」座長、関西経済同友会幹事

▼▼そうだ　上町へ行こう

大木令司・追手門学院相談役　明治21年（1988）、この地に追手門学院が大阪偕行社付属小学校という形でできまして、平成20年（2008）に創立120周年を迎えました。大阪城を眺め続けてきた追手門学院としては、120年をきっかけに大阪城を勉強し直そうじゃないかということで、大阪城の自然を研究して発表する「大阪城プロジェクト」を立ち上げました。

このプロジェクトを進めていくかたわら、上町台地は大阪の中でも文化の薫りの高い土地ですので、「上町学」を実施したらどうかということになり、関西経済同友会や、その幹事でいらっしゃる河内厚郎先生や帯野久美子先生のご支援をいただいて続けてまいりました。

産経新聞に上町をテーマにした50回の連載コラムを掲載したほか、河内先生を先頭に、上町台地の古い史蹟、お寺とかを歩いて見て回り、山本能楽堂にもお伺いしました。

本日の「上町再発見講座」第13回をもちまして、上町学プロジェクトは一応終了となりますが、追手門学院が続く限り「上町学」は持ち続けなければいけないテーマであろうということで、新たにできました「地域文化創造機構」でこの運動を引き継いでいただくことになりました。

引き続き、ご協力をお願い申し上げます。

（ビデオ上映）

河内　ただいまのは、6年前に「上町学」を始めた当時、テレビで大きく紹介されたときの映像です。

追手門学院さんのご厚意により、ここで上町学をやらせていただくようになり、6年が経ちました。上町台地の歴史や文学を取り上げたフォーラムを毎年のように開催して、『上町学　再発見・古都おおさか』という本を出版しました。古典芸能と上町台地との関わりを検証しまして、後世に残るような舞台芸術作品をつくっておこうとの思いから、「おおさか」という地名の由来となった蓮如上人の故事を素材にした狂言『おさか』や、上町台地で亡くなった細川ガラシャを題材にした地唄舞『一元の夢』を創作しまして、どちらも各地で再演を重ねております。姫路市などが十何年も前から運動してNHK大河ドラマ『軍師官兵衛』の実現にこぎつけましたが、「次は細川ガラシャを」と、ゆかりの自治体が働きかけを始めています。実現には何年もかかるでしょうけど、『一元の夢』は、そのときにそなえた先行的な商品開発でもあるわけです。

そんなふうに様々なことを実施してまいりましたが、やり残したことが一つありまして、それは観光です。小泉内閣のときに日本は観光立国を打ち出し、訪日する外国人も1千万人に達しました。観光集客都市としてのサバイバル競争の中に大阪も置かれているわけですけど、大阪観光がUSJを主に論じられるとしたら寂し過ぎるというか、なさけない話です。やはり大阪が誇る千数百年の歴史と文化をきちんと観てもらいたい。一番わかりやすい観光財は大阪城でしょう。実際、大阪城には外国人観光客がたくさん来ているのです。そのお客さんたちを次にどこへ行かせるのか。とりあえず足元の上町台地から観てもらおうとするなら、どんな回遊ルートを、どういう根拠でもって示していけばよいのか——それを今日は議論したいのです。

河内　谷直樹さまから宜しくお願いします。

◆　◆　◆

谷　上町台地を中心とした「マイルドＨＯＰＥゾーン協議会」の会長をしています。上町台地をフィールドにする、町づくりの方々、神社や寺院……追手門学院にも正式なメンバーとして加入していただき、当学院の亀井哲夫先生に副会長をお願いしています。

10年近く、様々な町づくりやイベントを行い、上町台地に関わってきた中で感じることは、大阪のルーツはここにあるということです。

最初の図（図Ⅴ・１）は明治19年（１８８６）の大阪の地図で、黒い部分は市街地です。四天王寺から北、大阪城までが上町台地ですが、当時は田んぼや畑があって、まだ市街地化されていません。

次は江戸時代初めの大坂の町です（図Ⅴ・２）。上町があり、天満があり、船場は秀吉のごく晩年

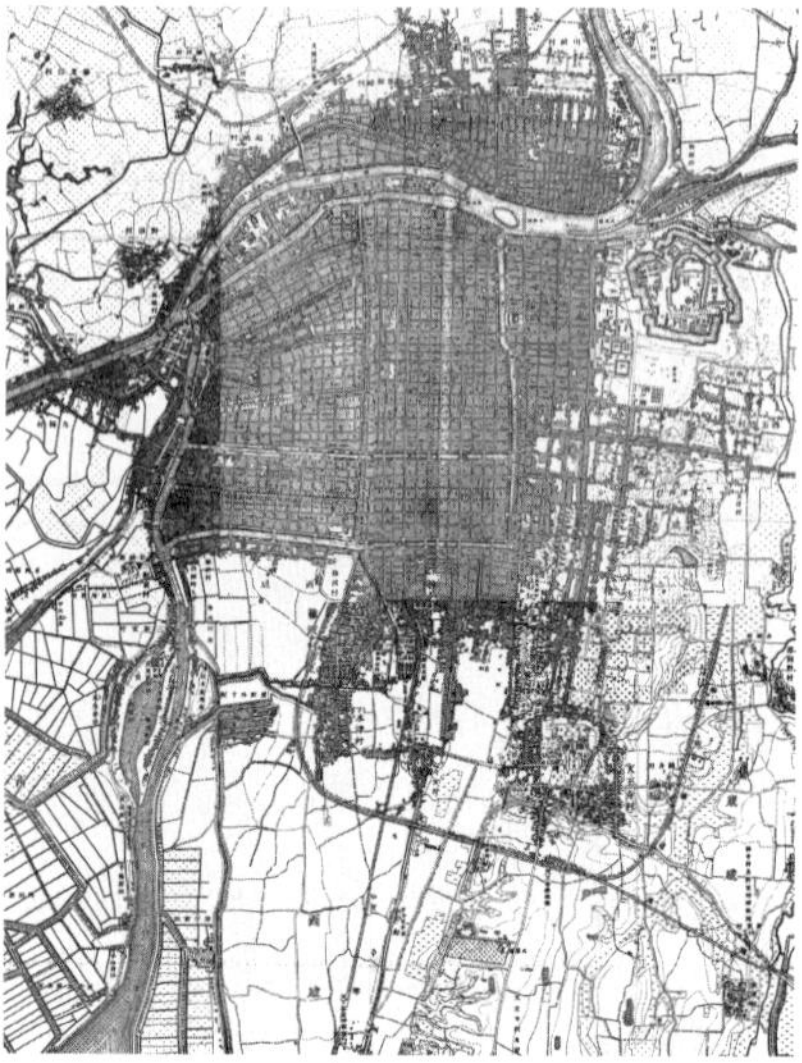

図Ｖ・1　明治19年の大阪近傍図
（画像提供：国際日本文化研究センター）

に開発されたんですね。堀江などはまだ開発されていません。

次は、いまから399年前の大坂夏の陣で焼けてしまうまでの大坂の町です（図Ｖ・3）。この図は、秀吉の大坂城下はどのような構想であったのかを示したものです。大坂の最初の城下町は、四天王寺と大坂城を結んだ上町台地にありました。四天王寺の南にある堺の港を活用し、大坂城までつないでいくという都市構想です。後の大坂城下は西の船場に広がっていますが、初期は上町台地の上にあったことが最近の研究でわかってきました。

この『浪花名所独案内』は、江戸時代終わり頃の大阪の町を案内したものです。東が上ですから、右上に四天王寺があり、左上に大坂城があります。南北に細長い上町台地に、当時の名所があって、お勧めの観光ルートが設定されています。これを見ると、上町台地に相当の観光資源があったことがわかります。

江戸時代の大坂は、実は巨大な観光都市だったんです。それをビジュアルにイメージするために、江戸時代の末期につくられた『浪花百景』という錦絵を見ると、単なる名所旧跡でなく、自然を上手に織り込んでいることがわかります。地形とか春夏秋冬の四季がキーワードに出てきます。たとえば『新清水寺紅葉坂滝』。京都の清水寺には音羽の滝がありますが、大阪では玉出の滝と言います。上町台地の傾斜地に湧水があって、ここに滝ができています。

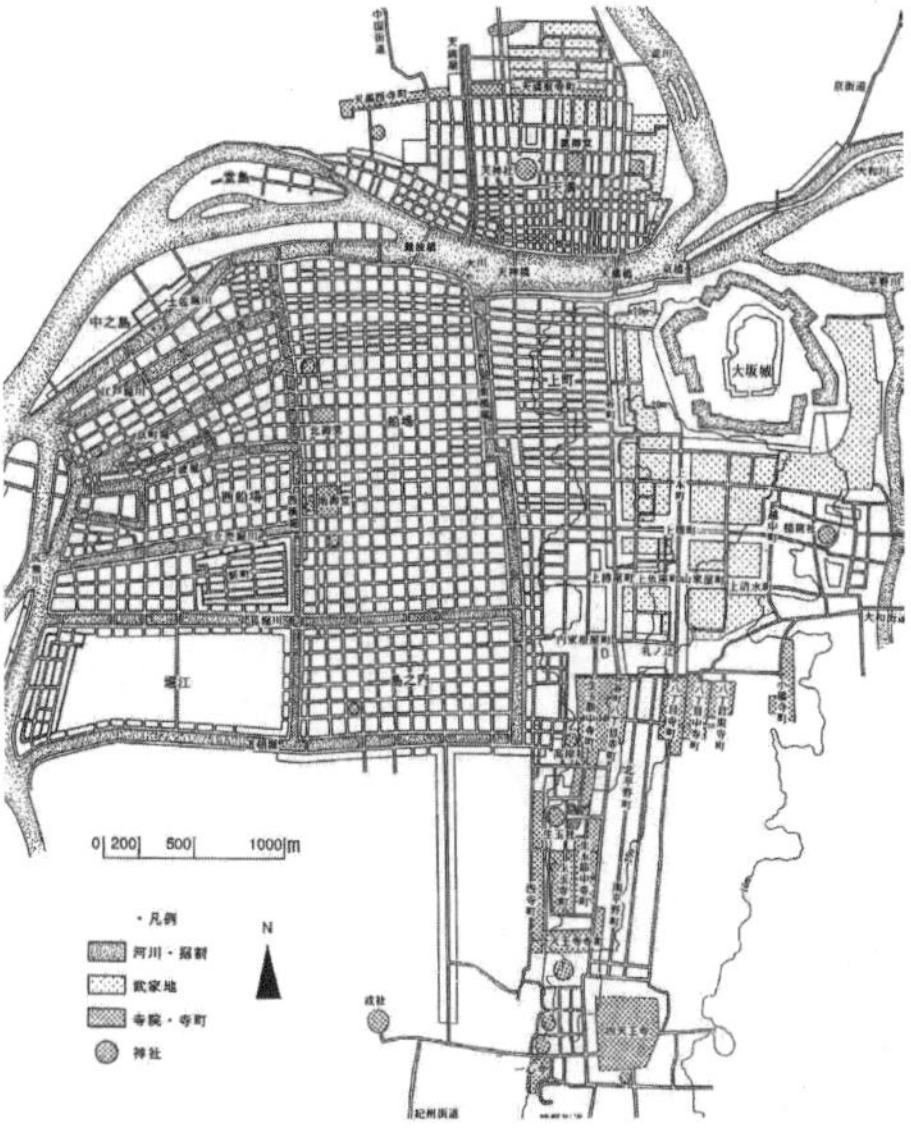

図Ⅴ・2　江戸時代初期の大坂三郷図
（『まちに住まう―大坂都市住宅史』（平凡社刊）より）

「真言坂」はいまも残っています。生玉さん（生國魂神社）の神宮寺である法案寺など真言宗の寺院が坂の両側にあったので、そう呼ばれました（口絵Ⅲ参照）。大坂は大きな坂と書きますが、古くは「小坂」とも書きました。坂があることが大坂の名前の由来だとすれば、まさに上町台地は大阪の名前のルーツということになります。

台地の上にのぼると、見晴らしが良い。先に見た新清水寺だけでなく、生玉さんと高津さんは上町台地の上にある著名な

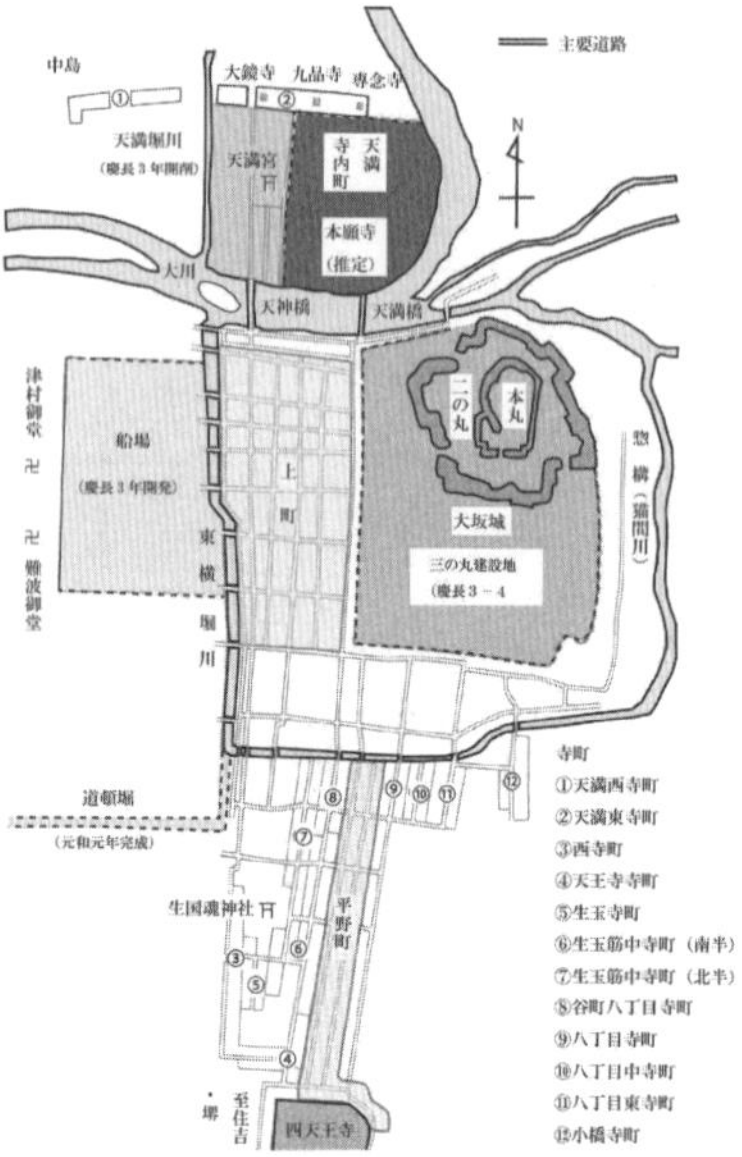

図Ⅴ・３　大坂の陣直前の大坂
（『まちに住まう―大阪都市住宅史』（平凡社刊）より）

神社で、西には大阪湾の展望が開けています（『生玉絵馬堂』『高津』（口絵Ⅳ参照））。ここに弥次さん、喜多さんがやってきて、遠眼鏡を借りて町を見たという話があります。上町の台地の上から西のほうに淡路島や六甲が望めるという素晴らしい景色でした。

上町台地の北端に行くと大川が流れています。大川は水の都・大坂を象徴する川で、ここに八軒家の浜があり、難波橋・天神橋・天満橋の三大橋が架かっています（『八軒屋』『三大橋』）。川と橋がある水辺の風景は、上町台地のロケーションとして優れた場所でした。

四季の移ろいにも豊かなものがありました。環状線に桃谷という駅がありますが、かつての上町台地は、桃見物で有名なところでした。桜と違って、桃は開花の時期が長い。大坂の人々はもちろん桜見物にも行きますが、桃の見物にも出かけた。江戸時代の人々の春の楽しみ方でした（『野中観音桃華盛り』『産湯味原池』）。

これは『河堀口《こぼれぐち》』と書いてありますが、蛍を追いかけている錦絵です。のどかな風景が四天王寺からさらに南、河堀口のあたりにあったということですね。浄瑠璃『摂州合邦辻』の舞台として有名な『四天王寺 合邦辻《がっぽうがつじ》』には、雪の風景が出てきます。都市生活をしていると、四季の移ろいに鈍くなるものですが、それを体感できる場所が上町台地だったということです。

松井吉助という植木屋は自分の家を開放して、初夏の牡丹と晩秋の菊花を見せたため、大いに賑わったといいます(『吉助牡丹盛り』)。現在の植物園のはしりでしょうか。また、江戸・亀戸の梅屋敷にヒントを得て、大坂にも梅屋敷がつくられました。このように都市の真ん中にわざわざ人工の自然をつくって四季の花を楽しむことが上町台地で行われていました。

四天王寺は聖徳太子が創った日本で最も古い寺院です(口絵Ⅴ参照)。夕日の名所でもあり、大坂城と共に上町台地を象徴する文化遺産です。災害で何度も建物が失われています。昭和9年(1934)の室戸台風では五重塔が倒壊し、昭和16年(1941)に木造で再建されますが、昭和20年(1945)に戦災で焼失し、昭和34年(1959)に鉄筋コンクリートで再建されています。四天王寺の伽藍は、まるで不死鳥のように甦っています。

先ほど、大阪は古都であるという話がありましたが、これを示すものが、江戸時代にはきちんと情報化されていました。当時、森の宮神社の境内に「蓮如の松」と呼ばれた古木がありました(『森の宮蓮如松』口絵Ⅵ参照)。明治のはじめに枯れてしまい、いまは残っていませんが、大阪の都市建設のルーツになる石山本願寺を創った蓮如上人ゆかりの松ということで、当時の人は町の記憶を大事に伝えていました。もちろん大坂城も大事です（『錦城の馬場』）。

四天王寺西、上町台地の眺望の良い場所に、浮瀬《うかむせ》と西照庵という二つの料亭がありました。浮瀬は、アワビの貝殻の穴をふさいで七合五勺の酒が入る〈浮瀬〉の名の杯で有名で、多くの文化人が訪れていいます（『増井浮瀬夜の雪』）。西照庵は、座敷から浪花の市街はもとより大阪湾を一望できました。『浪花百景』では、紅葉が色付き、月が照り輝いています（『西照庵月見景』）。

上町台地は大阪の良好な文化の発祥地であり、南北に細長い台地の上に大阪の文化が凝縮されています。今日は、この点を強調しておきたいと思います。

◆　◆　◆

河内　続きまして、長谷川惠一さまです。

長谷川　14年ほど前からユネスコの関係で、上町台地を世界遺産にしたいとの思いがあり、活動を続けてきました。上町学を創りたいという追手門学院のお話が、ちょうどユネスコで考えている内容と同じようなコンセプトでしたので、春には歴史ツアー、11月か12月には歴史シンポジウムをご一緒に続けてまいりました。正直こんなに続くとは思っていなかったのですが、大阪の歴史の重みをだんだん感じるようになりまして、これを多くの人に知っていただければ大阪を誇りに思ってくださるのではないかと思い始めました。歴史シンポジウムは13回、歴史ツアーは14回――その内容を、ざっとお話しします。

平成13年（2001）は千田稔先生にお願いをしまして、栄原永遠男先生、滝波先生、関山先生で「古代の難波、国際都市の始まり」というシンポジウムを行いました。1400年前から東アジアを中心に多くの外国人が難波津から上町台地に上がってきました。ここは外国人を受け容れる拠点で、外国のいろいろなものが大阪の上町に伝わり、ここから日本中に伝わっていきました。まさに上町が国際都市の原点だというふうなシンポジウムのスタートとなりました。大阪歴史博物館の開館の年の、最初のイベントが我々のシンポジウムでした。

第2回では、追手門学院の下のところに大坂城の三の丸を発掘した跡があるのを覗かせていただき、追手門学院の中高の視聴覚教室で初めて、見学を含めた「城郭の内容について」のシンポジウムを行いました。このとき以外は大阪歴史博物館でずっとシンポジウムを行ってきました。

第3回は「歴史都市上町台地を世界遺産に」がテーマで、上田正昭先生を中心に、金関恕《かなせきひろし》先生、米山俊直先生、脇田修先生に参加をいただきました。上田先生は〝神殿都市〟という言葉を使われて「歴史都市上町台地の過去・現在・未来」を話されました。

第4回の「大阪城築造工事を経済から読み解く」では、大阪城の石垣には世界に名だたる内容があるのだから世界遺産になりうるという話が出ました。大阪市も何とか石垣を世界遺産にできないかということで、このときから、我々のシンポジウムに加わっていただきました。

第5回の「四天王寺と上町台地をめぐって」では、1400年の歴史を持った四天王寺について出口順徳先生に記念講演をしていただき、関山先生、大澤先生、中村先生にシンポジウムに参加していただきました。

第6回の「なにわの神社と神々」から基調講演を3人の先生に行ってもらうことにしまして、北川央先生、小松和彦先生、高島幸次先生に大阪の神社をテーマとしたお話をいただきました。

第7回は「遣隋使がもたらした難波の仏教と仏教芸能」というテーマで、講師は本郷真紹先生、南谷美保先生、小野功龍先生です。相愛大学名誉教授の小野先生は、小野妹子の42、43代の末裔の方で、大国町に願泉寺というお寺がありますが、そういう方がいまも大阪におられると知った次第です。

第8回の「近世大阪の祭と年中行事」では大阪の祭を取り上げました。井上宏先生、渡邊忠司先生、中川すがね先生にお話をいただき、大阪の年中行事を通して、江戸時代の町人がどんな生活をしていたかというシンポジウムを行いました。

第9回の「大阪　町家住まいの再生——暮らしの美学」では、谷直樹先生に大阪の住まいはどんな状況だったかを話していただき、寺西興一先生、小池志保子先生、谷先生でシンポジウムを行いました。

第10回は「古代住吉と住吉大社の歴史」を取り上げました。住吉大社は、1400年よりもっと古い、1800年の歴史を持つ神社です。上町台地というと皆さん、だいたい南は天王寺くらいまでをお考えですけれど、住吉さんには遣唐使・遣隋使がお祓いをして大阪湾を出て行ったという経緯もありますので、住吉津の役割の大きさに改めて思いをはせた次第です。

第11回「都市　平野が培った人と文化」では大澤研一先生、山中浩之先生、村田隆志先生にシンポジウムを行っていただき、平野郷の歴史の重みを学習することができました。

第12回は「上町台地と『万葉集』、そして熊野街道と平氏」というテーマで議論しました。熊野街道が通る生野区の巽に、『万葉集』に詠われた碑がたくさんありまして、生野という地がこれほど歴史的な内容が多いのかと思い知った次第です。

第13回の昨年（2013）は道頓堀開削400年に当たりましたので、関西大学の藪田貫先生、橋寺知子先生、演劇評論家の児玉竜一先生にご参加いただき、道頓堀の歴史を掘り起こしました。道頓堀は平成27年（2015）をシンボルイヤーとして400年を記念するイベントをたくさん行う予定にしていますが、2013年、14年、15年と取り上げようと、いまのところ考えております。

シンポジウムのほかに歴史ツアーを行ってまいりました。

第1回の「飛鳥町現在」では〝近つ飛鳥〟と呼ばれている竹之内街道のあたりの歴史ツアーを行いました。

第2回では難波の堀江の「難波の池」伝承のある豊浦宮や甘樫丘、蘇我入鹿の首塚、日本最古の寺と言われる飛鳥寺などを回り、飛鳥時代の歴史に浸ることができました。

第3回では天王寺あたりを歩きました。坂の多いところで、清水寺では生駒山からの伏流水が上町台地に溢れ出て素晴らしい水が出ていました。いまは地下鉄ができた関係で伏流水がほとんど止まっているような状況らしいですけれど、往時は良い水が出ていたということがわかりました。

第4回は近鉄の上本町に集まりまして、上町台地の東側を中心に真田山のあたりを見て歩きました。軍人さんの墓地などもあって、ちょっと独特な歴史的空間になっていると感じました。

第5回は阿倍野区民センターに集合しまして、南の斎場のあたりから北畠のお墓のあたりまで歩きました。北畠地域では歴史的な蓄積の厚みを感じる内容が示されていました。

第6回は、北浜から旧三越のあたりに集合しまして、少彦名神社とか、昔は高麗橋が大阪の起点だったことから熊野街道のあたりを空堀まで歩きました。

第7回では大国町のあたりを歩きました。いまは木津市場ができていますが、難波の野菜と言われているようなものが多く採れていたところです。瑞龍寺（鉄眼寺《てつげんじ》）でミイラが保存されているのも見学しました。

第8回の「千日前道頓堀から四ツ橋前歴史ウォーク」では、三津寺あたりから西のほうへ向かって、長千日前一帯を歩きました。道頓堀の流れのあるところなので昔の文化がたくさん残っていまして、長堀のあたりには蕎麦のお店が最初にできたという碑があり、東京ではなく大阪が蕎麦の発祥の地と学びました。

第9回の「桑津街道――俊徳道を辿って」では桑津街道を歩きました。仁徳天皇が歩いたところや、昔はイノシシを飼った役所があったことから猪飼野という地名ができたということなどを学びました。

第10回は暗《くらがり》街道の起点になる玉造に集まり、東成を歩きました。奈良へ向かう道中、いろいろな歴史的遺産が残されていました。

第11回の「住吉を歩く」では住吉大社の周辺を歩きましたが、古い歴史的内容がそれこそ山ほどあり、周辺を歩くことにより時代ごとの古さを感じることができました。

第12回「平野のレトロな町並み」では、坂上田村麻呂の子、広野麻呂のお墓が平野にありまして、住まいなんかもあったり、刀をつくっている場所が残っていたりと、平野の皆さんが平野郷の歴史をしっかりおさえながら残している様子を見られて、土地への思いが伝わってきました。

第13回は水都・中之島の町を見て歩きました。八軒家浜が熊野街道のスタートとなる拠点でして、天皇が船から八軒家浜に降りて熊野のほうに行ったという話が出ていました。三十石船の話や三十石船の歌の碑も残っています。

今年（2013）は、生野の「万葉の里」というところで高野街道を見て歩き、この一帯の歴史の重みも併せて感じ取ることができました。

意図とかは資料の中に書いておりますので、あとでご覧になってください。

河内　３人目は山本章弘さまです。

◆
◆
◆

山本　皆さん方と打ち合わせしている中でずっと不安だったのですが、手前どもの住所は谷町筋よりも西にある中央区徳井町なので上町じゃないのかなと心配していたのですけれど、谷先生の地図の中にちゃんと入っていたのでセーフという気持ちで、堂々と上町の一員として、能の役者でありつつ能楽堂という専門の劇場を運営する立場でお話をさせていただきます。まずは、上方の観光資源となる伝統芸能がここ上町にあると、お控えいただきたいと思います。

私の曽祖父は京都三条の烏丸で両替商を営んでおりました。五大両替商の一つとして指折りの身代で、江戸遷都にお金を出したり、市電の開通にお金を出したりしました。祇園祭の鈴鹿山には曾祖父が寄贈した能のご神体がいまも毎年祀られています。しかし、友人の借用手形にハンを押したのが原因で無一文となり、それが転機となって、芸は身を助けるということで、それまで京都までお稽古に来ていただいていた観世御宗家に弟子入りし、祖父が48歳のときに一代で現在地の大阪市東区徳井町に山本能楽堂を建てました。しかし、昭和20年（１９４５）の大阪大空襲で焼けてしまい、あたり一面焼け野原でまだ廃墟がある中、昭和25年（１９５０）に能楽堂（図Ｖ・４）を再建いたしました。

皆さんの中で山本能楽堂に来られた方は手を挙げてください……ありがとうございます。まだ来ら

図Ｖ・４　舞台写真
（写真提供：山本章弘）

れていない方にはぜひお越しいただきたいです。先日ある取材で「なぜこんなオフィス街に能楽堂があるんですか」と聞かれましたので、「オフィス街のほうが後です」と申し上げました。（笑）

能という芸能は、明治・大正・昭和と、市民と非常に密接なものでした。船場の旦那衆はまず謡ができないと一人前でないとされていました。ところが、いまはゴルフとカラオケに趣味が変わってしまい、それを私は一生懸命に能の世界に戻っていただきたいと願いつつ、頑張っている次第です。

能は、室町時代の観阿弥・世阿弥の頃は猿楽と呼ばれていましたが、やがて能と呼ばれるようになりました。将軍様を含め武家が「鑑賞して楽しんでいた」能が、太閤さんが「私もやる」

と実際に自ら演じ始めました。それ以降、能の構えは、武士の所作に近い非常に堅苦しいものとなり、現在の能の中にも豊臣秀吉の構えがそのまま残っていると思っていただいても過言ではありません。その当時の能役者が秀吉の構えを基本にしたため、それまでの演技法、すなわち構えを秀吉のための構えに変えたと言われております。能は摺り足で歩き、さらに仮面を掛けることによって視界が遮られるため、非常に歩みにくいですが、将軍様の前で演じたため、最も慎ましやかな動きになりました。

能の中で「泣く」ことを演技するには「しなり」があります。肘を立てて手を返す――これが泣くという能の表現ですので、皆さん、何か悲しいことがあったときには思い出してください。

いまも使っている「差し込み」という言葉は柳生新陰流の言葉です。剣術の達人である武家の人たちにわかりやすいように教えていた剣術の言葉が、いまだに能の専門用語として残り、私たちも使っている次第です。

山本能楽堂を祖父・父の世代から受け継ぎ、私はこの能楽堂が地域の方のランドマークになればと、いろいろな活動を始めました。平成18年（2006）に国の登録文化財に登録されたことで多くの方から建物にご興味を持っていただき、現在は木造三階建ての建物の見学会なども開催しています。それまで能楽堂には能のファンやお稽古される方しか来られませんでしたが、門戸を広げ、パイオニアとしてのいろいろな活動をするようにしています。国内外を問わず修学旅行生やいろいろな方々に能の体験教室を開催し、ほかにお茶や生け花の体験もあれば、能楽堂の客席を使ってワイン会もしています。この写真ではスロヴァキアの民族衣装を着た女性の向こうに能衣装がちらっと見えていますが、ワイン会の合間に能についてのレクチャーを入れたりしています。また、ほかにもいろいろなジャンルの方と一緒に活動をしております。これは能楽堂でのテレビのCM撮影の様子ですが、能のハードとしての能楽堂を運営する中での活用例です。

ひと昔前の大阪はいろいろな芸能の音が建物の中から聞こえてくる町でした。露地を入ると三味線の音や義太夫節や謡の声などが聞こえてきました。しかし、私が小学生くらいの頃の高度経済成長期に、大気汚染と騒音問題のせいで建物の内と外がサッシや二重窓となって音が遮られてしまい、建物の中の様子が外に聞こえなくなり、芸能の町の側面が薄くなりました。

そこで私は建物の外に飛び出して、ストリートライブ能をしたり、八軒家浜など大阪の水辺で能を舞ったり、大阪府庁舎や中之島公園などの公共空間で能を舞う活動を60回以上続けています。皆さんは能というと堅苦しいとか能楽堂でしか見られない敷居の高い芸能だと思われていますので、いっそのこと自分たちから外に出てしまえと思いました。サントリーホールディングス副会長の鳥井信吾様のご発案で、環境をテーマにした『水の輪』という新作能を私が創らせていただき、「水都大阪２００９」の最終日のイベントして、八軒家浜で上演させていただきました。その後、大阪城西の丸庭園や、おおさかカンヴァス推進事業との連携で中之島ＧＡＴＥでも上演させていただき、10回以上再演を繰り返し、「水の都大阪」をアピールさせていただいております（図Ｖ・５）。

図Ⅴ・5　新作能『水の輪』
（写真提供：山本章弘）

このような外へ発信する活動を続ける中、昨年（2013）の夏、「NHK WORLD Asia This Week」という番組が私をずっと追いかけ、世界へ向け特集番組を放映してくれました。ブルガリアから能の研究のため大阪大学大学院に留学してきたスラボフ・ペトコ君との出会いにより、平成22年（2010）から、それまで能がほとんど上演されることのなかったブルガリア・スロヴァキアなど中・東欧地域での能の普及活動に力を入れています。できれば年に1回や2回は能の公演を海外で上演し、平成32年（2020）の東京五輪のときにはホンモノの能をぜひ大阪で見ていただきたいという思いがございます。

また、学校への出前公演など、次代を担うこども達に向けた能の普及活動も積極的に行っております。文化庁の派遣事業により大阪府下の学校にも年間80回以上芸術家を派遣しています。

平成16年（2004）からは、大阪商工会議所、大阪市、大阪観光局にご協力いただき、大阪に伝わる多彩な芸能の魅力をみなさまに知っていただく、「初心者のための上方伝統芸能ナイト」公演を毎月2回、第1、第3土曜日の夜に開催しております。一般にあまり知られていませんが、実は大阪は京都にも奈良にも負けない「芸能の都」です。大阪でのみ多彩な芸能が育まれ上演され続けてきました。そこで、私の方から声をかけさせていただき、文楽や上方舞、落語、講談など様々なジャンルの方々と一緒に上方芸能のよさを皆さんに知っていただく公演を開催し、大阪の文化遺産の素晴らしさを発信しています。能、狂言、文楽、上方舞、落語、講談、浪曲、女道楽……いろいろな上方の伝統芸能を身近に見ていただこう――と言いましても、全部を見ると時間がかかるし、現代人は忙しく、なかなか一つの場所にじっとできない方が多いので、各芸能の一番面白いハイライト部分を20分くらいにまとめ、一晩に4種目の芸能をお目にかける公演を8年間続けております。海外の方に向けて、落語や講談などの話芸はまだまだハードルが高いと思いますが、能や文楽にはノンバーバルな部分もたくさんございますので、観光資源として海外の方にもお楽しみいただければと思っております。

また、たとえば三味線を例に挙げますと、文楽の太棹、地歌舞などの三味線、浪曲の三味線と、同じ三味線なのに扱い方も音の高さも全然違います。このあたりの芸の深さ、細やかさを大阪の文化として多くの方に理解していただければと願っております。

また、町づくりの観点では、建物をライトアップしたりイルミネーションを加えたりするなど視覚的な面が重視されがちです。私は、大阪はサウンドの町だと思っています。もっと上方芸能のサウンドを楽しんでいただくことを町づくりにも取り入れ、観光資源として活用していただくことで、「芸能の都・大阪」を世界のステージに広げていきたいと考えています。

◆　◆　◆

河内　最後は阪口葉子さまです。

阪口　ユナイテッド航空は、世界最大級の航空会社で、日本からは米国方面を中心に運行しております。関西国際空港から米国本土行きは、現在ユナイテッド航空便しかありません。米国からは、学生の団体も多く来ておりまして、もちろん大阪城は人気のスポットの一つです。

私が関西国際空港で観光客と話すとき、関西弁ならではの言葉もお教えしています。たとえば「なんでやねん」は、英語では「give me a break という意味です」というふうに外国の方々に伝えています。

観光についてですが、お客様はどう動くのか。円高でウォン安になれば、韓国へ行ってみようかとか、円高になっているから米国に行ってみようということになります。歴史認識や領土問題が発生すると、中国・韓国の方々が、ぱったりと来られなくなり、また回復するということの繰り返しです。9・11テロのあとは、米国行きが敬遠されました。数年前、神戸でインフルエンザ患者が出たとメディアを通じて発信された時は、世界中のお客様が、一時関西に来られなくなったこともありました。3・11の地震後は、しばらくは日本に行かないほうがいいんじゃないかということで、観光客が減少しました。

今日、私がお話させていただくことは、観光客が関西国際空港や伊丹（大阪国際空港）に着かれてから、一体どんな所へ行っておられるのかについてです。

ちょっと前まで、タイや韓国の人が日本に来られるには、入国許可が必要でした。いまは短期滞在の観光客にはビザ免除やビザ緩和策があり、たくさんの観光客が、日本、特に関西にいらしてます。さっきも申しましたように、米国から関西国際空港への便は、ユナイテッド便一便しかありません。一方、中国・韓国・台湾・香港、タイなど、東南アジアからの便は多く、アジアからの観光客が70～80％になります。

中国・台湾・香港の方々には、普通の観光バスではなく、日本にある中国系のバス会社が関西国際空港の送迎に来ており、ツアーも、そこを通すとお安く行けることになっています。

中国人と申しましても、香港の方もおられますし、いろいろな方がいらっしゃる。パックで来られている人もあれば、個人で来られている人もおられます。特に尖閣問題以降は、団体旅行は少なく個人で来られている方が多いです。買い物・食べ歩き・観光……中国の方、すごいお金持ちですよね。ルイ・ヴィトンでの買い物も、値段を見ておられないのですよ。「そこの棚のバッグ、全部」と買っていかれます。関西国際空港での売り上げがすごい。中国人ひとりの関西国際空港での買物額が二桁、何十万円と言いますからね。中国での大気汚染、PM２・５対策として、難波などの家電量販店で日本製の空気清浄機を買っていかれます。

観光ルートとしては、まず大阪城へ行き、ＵＳＪ、隣の海遊館です。その後、金閣・清水寺へ行き、富士五湖へ移動し、東京ディズニーランドやスカイツリーに行かれる。日本のテレビをよく見ておられ、東京ではＴＢＳで半沢直樹グッズを買うのも人気です。

台湾の人は花見が好きですね。春になれば、この界隈に台湾からの観光客が大勢来られます。冬は雪、秋は紅葉を見に来られます。台湾の方々に大人気の自国へのお土産が、北海道土産〈じゃがポックル〉です。関西国際空港では出国後のエリアでのみ販売されており、ひとりで３ダース４ダースと買っていかれるので、搭乗口では、そのケアが大変です。機内持ち込み手荷物が多くなり、一人ひとりに「申し訳ございません。預け荷物として搭乗口でお預かりします」となるのです。北海道の物産が関西国際空港で多く売れるのは喜ばしいことですが、台湾行きを運行している航空会社では、機内持ち込み手荷物が多くなりすぎるという問題で困っています。

香港の人、シンガポールの人は、ゆるキャラが好きです。くまモンが出たときにも、すぐに大人気になりました。また長野では，温泉の湯につかっているお猿さん（海外ではスノーモンキーと呼ばれています）が可愛いと、同じ人がリピーターとして何回も見に来られます。

韓国人は、関西に親戚がおられ、そこを訪問という方もおられますし、多くの方々には日本でのゴルフが人気です。海外でプレイしたら安いというのは、昔、日本人がしていたことに似ていますね。

――いま日本が安いらしいんですよ。和歌山でゴルフをし、黒潮市場に行ってバーベキューを食べるというのも人気です。

ロングランで人気があるのは、韓国人、中国人、香港人、シンガポール人に共通していますが、和歌山電鐵貴志川線貴志駅、「たまちゃん電車」の三毛猫のたま駅長です。

NHKの大河ドラマ『黒田官兵衛』人気なのか、姫路へ行かれる人も多いです。姫路城を見に行くだけでなく、2年くらい前にYouTubeに載ったことを体感しに行くのです。それは、新幹線が時速300キロ位で姫路駅を通過するのを体感するのが人気で、入場券を買ってプラットホームに立つのです。そのYouTubeは日本人がアップしたものです。

最近、尾道と愛媛県今治市を結ぶ橋「しまなみ海道」で、インドネシア人の方がレンタルサイクリングを始めたら、同国の人はみんなが右へ倣え。インドネシアやタイの人は団体で行動されることが多いんです。心斎橋でも3、4人で歩いておられます。

台湾やシンガポールの人は探検が好きです。堀江の雑貨店をうろうろしてみるとか、こじゃれた東急ハンズへ行って面白いグッズを買ってみるとか、個人で探検して、帰ってから自慢する。しかし、それが一般化すると飽きるので、また次の面白いものを探すというように、いろいろなところへ行かれています。

梅田スカイビルに行って、空中庭園展望台から景色を眺めるのは、どの国の観光客にも大人気です。

タイの方は日本縦断が好きです。昔、日本人に人気であった「パリ・ロンドン駆け足観光」に似ていまして、関西国際空港に着かれたら、大阪城、そして京都に移動して清水寺・金閣、大阪や京都での宿泊は高いので泊まらず、名古屋で一泊されるのです。次の日は新幹線に乗って静岡に行き、富士山、富士五湖を見る、それから東京を回るのです。

日本のスナック菓子がとても美味しいらしく、タイの人はスナック菓子を山ほど買って帰られます。私はタイ製のチョコレートを食べたことがないのですが、暑い国なので、チョコレートが溶けないようにカチカチに固めてあり美味しくないらしく、日本のチョコレートをたくさん買いこんで帰られます。

ヨーロッパの人はどうでしょうか。関西国際空港にはエールフランスをはじめヨーロッパの航空会社が就航しています。フランス人はスピリチュアルなことが好きなので、熊野古道や高野山が好きですね。山の中の宗教都市という位置付けで熊野古道を見ていまして、自分たちも歩いて体験してみるのです。

東南アジアの人々の旅のスケジュールは詰まっていて、熊野古道は歩かず、熊野にある神社仏閣を訪れ、白浜にも行くのです。黒門市場や大起水産に行って魚の解体ショーを見ることも好きです。2、

3年前『プリンセス　トヨトミ』という映画が撮られた大阪府庁を見に行くのが人気でしたが、興味がどんどん変わって、一般化したものにはもう行かない。もちろんロングランの人気スポットもありますが。

中東の人はビジネスマンが多く、大勢の観光客が来るところまでは至っていませんが、今後は中東の人々にも観光に来てほしいと思います。

今後、観光をどういうものにしていったらよいのでしょうか。お金がかからず、みんながＹｏｕＴｕｂｅに上げているものに食いつくというのでしょうかね。面白いことを発信する、あるいは現地のブロガーに書いてもらう、個人的に「良かったよ」などと現地で発信してもらったら、人が来るということもあります。新関西国際空港株式会社の部長さんに「どうですか、最近」と聞いてみましたら、「次、何に興味が湧くかわからない。いろいろな要因があるので、次々興味は変わっていく」ということです。

山本能楽堂さんにはぜひ行ってみたいと、先ほどのプレゼンテーションを拝見して思いました。もっと外国の人たちにも知ってもらえれば、さらに日本ファンになるのではないかと思います。能を発信したり現地で公演してもらったりしたら、スノーモンキーを見に来るようにさらにファンが増えると思います、もちろんお猿さんとはレベルが違いますが、山本能楽堂さんのような価値あるものを発信しているところに、リピーターが集まってくれたらと思います。

私は関西国際空港で長年働いておりましたので、次々来るブームは面白く、次は何なのかと楽しみです。韓流ブームのときも面白かったのですが、また別の機会にお話させていただきます。

◆◆◆

河内　長谷川さんは「上町台地を世界遺産に」との思いから熱心に活動なさってこられたわけですが、いまはどんな具合になっているんでしょうか。

長谷川　いまは全然です。技術的な問題で、学者の先生に聞くと大阪城の石垣は確かにすごいらしいんですけど、なかなか候補にのぼるところまで行かないようです。私は上町台地にはすごい歴史があると思っていますが、大阪の盛り上がりも実体はなかなか……もっと上町台地をみんなに知っていただければ大阪を誇りに思ってもらえるはずですので、孤軍を続けたいと思います。

河内　私は大阪市の文学館構想の副委員長を務めまして、上六の東平小学校の跡地に建設するところまで決まりかけていたのに、いつしかポシャってしまいました。中之島の舞台芸術センターも近代美術館もいっこうにできません。大阪は持続性がないというのか、長谷川さんのような方もいらっしゃいますけど……何ででしょうかね。

長谷川　奈良が1300年、京都が1200年、大阪は1400年なんですよ。いまから20年くらい前、その1400年祭をしなかったのが当時私は悔しかったんですけれど、大阪に古都があるはずがないという感覚があること自体が私には不思議です。歴史的には大阪は一番古い町で、大阪を通じて日本中に文化が発信されていきました。そういう意味では大阪ほど誇りに思える町はないと私はいまでも思っているんです。それを皆さんに知らせたい。

河内　一昨年（2012）は雅楽が日本に伝わって1400年、昨年は推古朝の西暦613年に日本最古の官道（国道）が難波と飛鳥の間に敷かれてから1400年の年でした。難波大道――のちに一部は竹之内街道となりますけど、地元の町々ではそれなりに催しが行われてはいましたが、全日本的な盛り上がりにはなりませんね。

谷さん、大阪って広報下手ですか。

谷　下手やと思います。大学で授業をすると、東京が大都会で大阪は二番手だと思っている学生が多い。ちゃんとした情報発信をしていないからです。

東京には「江戸・東京学」という学問があります。東京には江戸時代のものはほとんど残ってないけれど、石垣一つでも、江戸時代の絵図や浮世絵を探し出して情報化する。大阪は東京よりはるかに多くの歴史資産があるのに、こうした情報化ができていない。しかも大阪の情報の多くは、東京を経由してマスコミに流されるんです。大阪の人が自分で情報化しているのではないから、東京の目線で見た、いかにもコテコテの大阪に加工されて配信される。大阪の人もそれを聞いてそうやなと思ってしまう。これではアカンと思います。

河内　外国人がいっぱい来ている梅田スカイビルの屋上庭園が20年も前からあると知って東京のマス

コミが驚いているらしいんですよ。英国誌のタイムズが選んだ世界の建物20に入っていたのがきっかけらしいですけど、そんな梅田ですら、ろくに東京では報道されていないわけで、御堂筋・中之島しかり。報道されるのは道頓堀の一部と通天閣ばっかり。本格的な歴史に至っては、ほとんどまったく紹介されていません。

そんな中で奮闘されている山本さんですが、能楽師でありながら、プロデューサーも、大阪の広報もと……大変ですね。

山本 私の家内が京都出身の人間ですが、実は京都も含めて上方なのに、京都の人は上方という言葉を使いたがらない、上方○○は決して使わず、京○○としか言いません。上方という素晴らしい言葉があるにもかかわらず、大阪が一緒というのが嫌らしいんですよ。

私はなにくそと思いまして（笑）、大阪は芸能の宝庫の町で、それぞれの演者が現役でいっぱいいるということを伝えていきたいと思っています。ニューヨークしかりロンドン・パリしかり、大都会でありながら市民よりも観光客の方がはるかに多い。それはナイトライフが楽しいからです。平成16年（2004）から大阪商工会議所と一緒に、「大阪ナイトカルチャー事業」として、大阪の夜を豊かに楽しくかつ安全に文化的に楽しむことができる活動を続けています。夜を楽しめるというのが観光資源の一つだと思います。

河内 山本能楽堂では外国語の字幕を出しておられます。

山本　公演の時に字幕を出したり、配布資料も四カ国語をご用意したりしています。いろいろな国の方に来ていただくには、言葉を巧みに使えるスタッフをもっともっと育てていかないといけません。

河内　インドネシアからも観光客が来られているという阪口さんのお話でしたが、イスラム教徒なわけでしょ。宗教上の対応も必要になってきます。

阪口　関西国際空港は数年前から礼拝室をつくっていまして、そこでお祈りができます。特別食ハラールを提供するレストランもあります。

河内　もうちょっと大阪に長く逗留してもらうには、市中にもつくらないと。

阪口　そうですね。もっと増やしていくことは大事だと思います。

河内　先ほどのお話では、外国人観光客の動向はどんどん変わって行く――それは映像の影響でしょうか。

阪口　いまはテクノロジーが進んだので、映像が強いです。テレビやＹｏｕＴｕｂｅでいろいろなものを見るんですね。

河内　ただ、それだと、行き当たりばったりというか、長くは続かないですよね。ちょっと戦略が立てにくいというか。

阪口　そうですね。新関西国際空港株式会社さんも「次は何がブームになるかわからない」とおっしゃっているくらいで、そこに何か面白さがあるのではないですかね。仕掛けることももちろんできます。

河内　人間って不思議なもので、一度映像で見知った景色というのは、行ったことなくても懐かしいような気持になります。なんてことない韓国の池でも、『冬のソナタ』に出てくるだけで、うっとり歩きたがる。富士山みたいに誰が見てもきれいなのは別格ですけど。

NHKの朝ドラ以外、ドラマの多くは東京の制作なので、そのぶん大阪は不利ですね。

阪口　関西でのドラマ撮影をもっとしていただき、ぜひ多くの観光客を呼びこんでもらいたいと思います。

河内　すっかり視覚優位となってしまった世の中だからこそ、山本さんのサウンドのお話は深みがありました。

山本　義太夫節などもそうですけど、我々の能を評価するときに、「何を言っているのかわからない」とよく言われます。これは芸能ができた当時のままの大和言葉を口伝で聞いているわけで仕方がありません。字が読めない方がほとんどだった昔から、いまは字が読めて書けるのが当たり前、プラス、テレビにも字幕が出てしまう。聴覚能力が現代人は劣化していっているような気がします。

河内　古典的な言葉だけでなしに現代の日本語を使っていても字幕を出しますものね。

山本　ファーストフード店では「アイスコーヒー三つください」と言っても「いらっしゃいませ」という返答。「持って帰ります」と言っても「こちらでお召しあがりですか」。

こちらの言うこと聞いてないし、聞けてない。自分の言いたいことばっかり言って、全部一つずつずれていっているんです。

落語の『軒づけ』とかが、しっちゃかめっちゃかで面白いのは、どの市民も古典の一節ができたりしたことが下地にあるからです。能の演目に『船弁慶』がありますけど、文楽にも落語にも『船弁慶』があり、落語の中で語る船弁慶の一節は能の一節なんですよ。ということは、それを聞いても庶民がわかっていたというくらい、芸能が生活の中に溶け込み、みんなが日常的に劇場に来ていたということです。

文楽の方に東京のファンと大阪のファンの違いを聞きましたら、東京は人形遣いのファンが多いというんですね。大阪は、どなたの義太夫でどの作品がどの三味線でと、どっちかというと床のほうに重きがあります。

また、いわゆる大阪弁の音韻というのも音楽的な要素を含んでいると思います。学校公演でよく小学生と一緒に給食をいただきますが、大阪独特の1から10までの数え方を教えたり、体の一部分を指さし「これ何」という質問をして、「目え」「手え」と1文字の単語は伸ばし、大阪弁では「目えかゆい」「血い出た」とか助詞を付けないんだよと指導しています。関西圏以外では、これがコミュニケーションの入口になり、子どもたちとすぐに仲良くなれます。これからは、大阪弁をもっとPRするのもいいんじゃないかなと思います。

河内　義太夫節のイントネーションも大阪弁ですからね。
文楽の若いファンが東京には結構多いのですが、文楽より歌舞伎のほうが間口が広いですよね。スター俳優の魅力や衣装の華やかさだけでも観に行きますので、ミーハー的に歌舞伎に通っているうち、それでもドラマの骨格というのが見えてくる。耳を澄ますと、上手に座って一番大事なナレーションを語っている太夫の言葉というのが、どうやら関東のイントネーションではない。文楽と同じ大阪の義太夫節と知り、そこで初めて大阪の文化を見直す。吉本じゃない大阪を発見する。そこからが東京の面白いところで、若い歌舞伎ファンの中で序列を付けたくなり、文楽も知っている歌舞伎通になることで、ふつうの歌舞伎ファンと差を付けたくなる。それで文楽公演が東京では満員になるという皮肉なことになっています。いったんはまれば奥は深いけど文楽は間口が狭い。いろいろな芸能が連関するような形で栄えれば文楽にとってもよいのでしょう。
それを実践されているのが、山本能楽堂の「伝統芸能ナイト」です。これはよく思いつかれましたね。
山本　亡父が昭和6年（1931）生まれで、若い頃、鴈治郎（現・坂田藤十郎）さんとか、住大夫さんとか、桂米朝さんとか、夢路いとしこいしさんとか、山村楽正さんたちと、「上方風流《かみがたぶり》」という会をつくっていました。当時、サンケイホールで「上方風流まつり」という公演があり、いろいろな異なるジャンルの方々が出演されるという会がありました。10年くらい前に、それを復活させようと

第2回「上方風流まつり」があったのですが、父が亡くなったので、第2回には私が父の代わりに出演させていただきました。いまの米団治さんが司会をされて、ご出演はほとんどが人間国宝というくらいの会だったので緊張しましたが、そこからヒントを得て、「上方風流」を復活させたいと「初心者のための上方伝統芸能ナイト」を始めさせていただきました。立ち上げは大阪商工会議所さんと一緒に行い、多大なご協力をいただきました。上方伝統芸能のサンプリングとしての催しとして、できれば京都のギオンコーナーのように毎日開催できればと思っています。

河内　今日の配布資料の中に『伝統芸能ナイト』が入っています。公演時間は手頃な長さにして、値段も抑え、四つの伝統芸能をメドレー式に上演されています。建物自体も素敵ですし、芸能にあまり縁のない方を連れて行っても喜ばれます。それぞれのジャンルの通にしてみたら、たとえば文楽なら文楽劇場で3時間観ろという理屈になるんでしょうが、日本人でもなかなか何言っているかわからない方が多いというのに、外国人には酷な話です。メドレー式にいろいろな芸が観られるというのは、お手軽に見えるかもしれませんけれど、出演されている方はれっきとしたプロの芸人さんばかりなので、大阪の観光財としてまことに貴重なものだと思います。

長谷川　入学式のとき留学生にいつも言う話があります。大阪を十分知った上で来ていないとは思うけれど、皆さんの先祖が1400年前から大阪の難波津というところに来たんだよ。皆さんが大阪に留学してきたというのはすごく深い意味があるという話をいつもしまして、彼らに最低限、大阪歴史博物館、難波宮、四天王寺、住吉大社を一回見てきなさいという話をします。最近は時間を工夫して、そこに連れて行ったりするようになりました。彼らを大阪ファンにできれば、いずれ国に帰って仕事をするときに、大阪とつながりを付けてくれるのではないか。大阪の魅力を発信してくれることによって、彼らの両親や親戚の方々が大阪に来てくれる可能性もある。今後彼らが活躍することによって観光の素地をつくってもらえる可能性もあるんじゃないかと思っています。

20年ぐらい前に留学生の仕事をしたときには、なかなか留学生を受け入れてくれなかったのが、最近は住まいも問題なく見つけられるようになり、状況が変わってきました。留学生と地域社会との関係をできるだけ深めたいと思い、いろいろなボランティアも留学生にしてもらっています。難波地域の清掃を授業中にさせたりしていまして、地域の人が留学生に「ありがとう」という声を掛けてくれたりすると、留学生のモチベーションも上がってきますし、外国の人がしてくれるなら我々がしないでどうするのということになって、地域の人が公園を清掃したりすることになってきます。

エール学園には留学生が600人くらいいますが、「大阪の人は優しい」と大概の留学生が言うんですよ。これは大阪の資産だなと思います。道を訊いたときに目的地の近くまで連れて行ってくれる、自分たちの国ではありえないと言うのです。こんなところに、これから外国人の方をお迎えする上でも可能性を感じています。

河内　確かに私も道を訊かれたら、そこまで連れて行きますね。阪口さんも日頃から外国人と接していらして、大阪人はフレンドリーとの印象を持たれていると思われますか。

阪口　すごく親切だと思います。

河内　大阪市立大学にも留学生がたくさん来ているんでしょうか。

谷　来ています。特に韓国・中国などアジア系の留学生が多く、欧米系は少ない。大阪全体ではたくさんの留学生がいますが、大阪の歴史や文化にほとんど触れることなく本国に帰ります。観光というと京都や奈良に行くんです。

河内　大阪城とかへは行きませんか。

谷　大阪城は授業として見学に行きます。巨大な石垣には目を見張るようです。しかし、大阪の文化や人情に触れぬまま卒業してしまうのはもったいないことです。大学の教育では、そこをもっと取り上げないといけないですね。特に留学生教育には重要だと思います。

河内　山本さんは関西大学のご出身ですが、関西大学は「なにわ学」を熱心に始められています。

山本　関西大学は「なにわ学」をはじめ、多彩な活動で大阪の振興に努めています。できれば大学が、北ヤードとか市内にもキャンパスを持ってきて、大阪が学生さんの町になればと思っています。学生さんは情報の発信源にもなりますのでね。

河内　スーチーさんが何十年かぶりで来日したら、かつて留学していた京都へ寄りますね。大阪も青春の思い出を喚起するような町になってほしいですね。

「大阪くらしの今昔館」に外国人は来られますか。

谷　現在は、来館者の3割程度を外国人が占めています。大阪歴史博物館のように大阪の文化を総合的に展示するのではなく、今昔館は大阪の住まいや暮らしに特化した博物館です。江戸時代の大坂の町並みを実物大で再現した展示が、外国人の方の興味を惹きました。一番人気があるのは、ボランティアが始めた着物体験です。女性のボランティアさんが、タンスにあった古い着物を持ってきて、着付け体験をしたところ、人気が出ました。最初は日本人が多かったのですが、最近は外国人の希望者が圧倒的に多い。特に韓国はネット社会で、自分の着付け写真をブログに載せてくれるので、着物体験の希望者が広がっています。中国・台湾……最近はタイも多いです。大阪城天守閣では、朝一番に行列ができていますが、最近は今昔館でもオープン時に外国のお客さんが並んでいます。早く行って順番を取らないと着物が着られない。1日300人を超えることも珍しくなくなりました。ボランティアさんには着物の着付けだけでも重労働ですが、夏には浴衣の洗濯が大変なんです。クリーニングに出すと1000円近くかかります。仕方がないから洗濯機を1台買いました。ボランティアさんが洗濯をして、糊を付けてアイロンをかけて——ボランティアさんだけでなく、私も手伝っています。初めて浴衣の畳み方を習いました。家では黙っていますけど。(笑)

和の文化でもてなすと、自然に国際交流が深まります——今昔館の江戸時代の町並みを外国の方が和服を着て歩いてくれる。それだけで、江戸時代の風景になります。失礼な話ですが、お客さんが展示物になるのです。すごい相乗効果です。

今昔館の着物体験は、30分で200円です。「和」の文化を体験しようとすると、大阪でも相当のお金が必要です。京都へ行くと今昔館の10倍・20倍を出さないと着物体験ができません。今昔館の文化体験は、和風文化への入門には手頃なものだと思います。博物館協議会の会長の熊倉功夫先生が「劇場型博物館」とおっしゃいましたが、その通りです。

河内　「大阪くらしの今昔館」に行かれた方はいらっしゃいますか。……たくさんいらっしゃいますね。

谷　着付けをしているボランティアさんも今日は何人か来ています。（笑）

これからの博物館は、能楽堂さんもそうでしょうが、見せるだけでなく、お客さんを引き込んで体験してもらう仕掛けが必要だと思います。

河内　スチュワーデスさんにも着物を着せるとか。

阪口　昔は日本航空さんのスチュワーデスさんが着物を着ておられましたね。私はキャセイパシフィック航空で飛行機に乗っていましたが。

河内　山本さんは、今日はお着物で来られなかったんですか。

山本　それは目立つから嫌なので、ふだんはスーツで来ています。人に紛れるのが好きですから。（笑）

――ただ、毎日着ていますから、必要とあらば、いくらでもお教えすることはできます。

河内　大正時代に有栖川宮の別荘を須磨から移築した町家が空堀にありまして、そこに着付け教室が入っています。若い人たちがそこで着物に着替えてぶらぶらするのが流行っています。伝統回帰というほどではないにしても、和モダンというのか……。

山本　歴女とか日本文化に対して非常に興味を持たれていますね。外国の方のほうが詳しかったりするので……外から来る影響もあるんじゃないかという気がします。

河内　日本人も外国人のように「和」を楽しむ時代になってきているのかもしれません。大阪にもそういうスポットがまだ残っているのを活かしていきたいものですが、能楽堂は若い人を集めるのに工夫をなさっていますか。

山本　能のファンは60歳代、70歳代の方が中心ですが、お仕事帰りのサラリーマンの方に向けた夜の公演や講座などを積極的に開催し、若い人にも伝統芸能の素晴らしさを感じていただけるよう取り組ませていただいております。先ほどの「初心者のための上方伝統芸能ナイト」公演は、20歳代から40歳代までの方が全体の60％を占める公演になっています。

伝統芸能は、音楽のような感覚で鑑賞していただくと入りやすいというか、音楽的な要素で楽しんでくださっている方のほうがリピーターとして来られているんじゃないかと思います。テレビや映画を鑑賞するようにストーリー性を求めたり、言葉の内容を追求する方は「わからへん。二度とええわ」という感じになってしまったりする気がします。子どもか外国人のつもりで能を観ていただければよいのではないかという気が最近はしております。能を観てみようかなという日本人の方はだいたい同じところで感動されます。

河内　四天王寺さんにはいろいろな祭がありますけど、外国人はいらっしゃらないんですか。

長谷川　そんなことはないように思います。私はミナミで町づくりをしていまして、15年くらい前に難波八坂神社の船渡御が復活しました。いまもずっと続いていまして、留学生を乗せたりしています。四天王寺ワッソも、うちの留学生は参加してくれています。

今回は道頓堀開削400年になるのを機に、外国の人たちにも知ってもらえる恰好の機会じゃないかなと思い、地域の商店街、企業の皆さんで企画をしているところです。

河内　堺屋太一さんが提唱している道頓堀プール計画に私は反対なんですが。

長谷川　地元なので言いにくいんですけど、どっちかというと反対の人が多いと思います。

河内　7~9月とのことですが、準備期間も要りますし、夏恒例の歌舞伎の船乗り込みができなくなってしまいます。

長谷川　それがすごく大きな問題だと思っています。伝統的なものを排除しないといけないので、地元から盛り上げるという状況は現実的に生まれてきにくいですね。

河内　大阪は昭和45年（1970）の万博以来、イベント先行型の町になってしまいました。一発ビックリさせてやれ精神というのはわからなくもないですが、せっかく蓄積された歴史がなくなってしまったら取り返しがつきません。

谷　1970年代以降がまさにそうだと思います。「博覧会」は一発やって即終わり。万博でも6ヵ月で終わりですよ。これからは、「博覧会型」ではなく、「博物館型」の出番だと思います。もちろん、古いイメージの博物館ではなく、集客型、もてなし型の博物館ですが……。

「博物館型」は、蓄積・持続することができます。大阪には、歴史を大事にしてこなかったツケが回ってきていると思うんです。大阪の人は最先端都市に憧れがあるかもしれませんが、最先端都市で有名な都市はありません。ロンドンやパリを挙げるまでもなく、世界有数の都市はストックがすごい。ストックがあって次の発展がある。大阪の場合、ストックをスクラップ&ビルドで壊してしまい、新しいものをつくる。それでは根なし草の都市になってしまいます。やはり「博覧会型」の都市では駄目で、ストックをきちんと活かすために、「博物館型」の都市を考えるべきだと思います。

河内　ストックをずいぶんと粗末にしてきた大阪ですが、山本さんがおっしゃっているように、それでもこれだけ多種多様な芸能文化がまだ生《なま》で残っているというのが、どれだけ大きな財産かというのがね。

山本　そうです。皆さんご存じないのは、やはりメディアに乗りにくいからだと思います。ミュージカルや歌舞伎などはロングラン公演ですが、能も上方舞も落語もほとんどが一日ですので、それをメディアに乗せようとしても、なかなかです。伝統芸能を生で感じてもらい、生の良さというものをご覧いただいた方に口コミで伝えていってもらうしか仕方ないんじゃないかなという気がします。

河内　阪口さんは山本能楽堂の映像をご覧になって興味を示してらしたようですが……。

阪口　観てみたいなと思いましたね。新関西国際空港株式会社さんも頑張ってくれているとは思いますが、クラシックなやり方ですが、ずっと継続してPRしてもらうということしかないでしょう。外国人の動きとしては、歩くだけじゃなく、レンタカーを借りて移動している人もいます。

面白いと思ったのは、その人たちの動向です。東南アジアの人たちはどういうところに泊まっているのか。一流ホテルもあれば、最近、ビジネスホテルは近隣の国々の人でいっぱいです。そういうところには、「レンタカーでこのあたりを回りませんか」というPRがありますから、「山本能楽堂に行きませんか」というPRもあったらよいと思います。どこから広まっていくかわからないです。大阪にたくさんの観光客に来てもらわないと。

質問者　もう20年ぐらい前から御堂筋に町の看板があり、ヒラノチョウと書いてあるんです。大阪の人間はヒラノマチと言いますよね。大阪の言葉を忘れてしまっているのと違うかなと思います。テレビが大阪弁の良さを殺してしまっています。「宿替え」という言葉がなくなって「引越し」。なんとか綺麗な大阪弁が残って欲しいなと思っています。

さっき河内先生がおっしゃった東平小学校に服部良一さんの碑があり、ボタンを押したら『青い山脈』が流れてくるんですが、そばにいけないので残念やなと思っています。

落語の『軒付け』とか『船弁慶』とかで「おやっさん」が出てきたら、必ず上町のおやっさんなんです。それだけでも上町学というのは面白いなと参加させてもらいました。
最近、頬被りしている外国のお客さんが多いですね。道に迷っているような外国人がよくいます。白人だから米国人かと思ったらスペイン人だったり、黒人はナイジェリア人だったりで、英語ができなくても通じるものです。

質問者　上町台地が熊野古道に続くという話でしたが、ちょうど世界遺産登録10年になるので熱を入れているようです。これだけ能楽堂とかがあるんですから、ただ歩くだけじゃなしに大阪の文化を味わいながら行く。和歌山とタイアップした形でPRすることでも効果が出るでしょう。そういう企画があるのでしょうか。3月の相撲は大阪でやりますが、全国的なイベントと大阪の良さとをタイアップさせる企画の発展性はないんでしょうか。私は区民センターの館長をしておりますので、大阪の歴史と文化をPRしたいと思っています。

長谷川　竹之内街道1400年については大阪府がイベントをやりました。難波大道から竹之内街道に向けて飛鳥まで行くというのはすごい資産なので、もっと連携したら面白い企画ができます。街道そのものを取り上げるだけでも、意味はものすごくあると思います。

河内　来年（2015）は高野山の開山1200年ですので、南海電車がいろいろと考えているでしょうけど、府下に高野街道が三つありますから連携すればよいでしょうね。
南海電車にしたら高野山と関西国際空港は重要な観光資源です。この際、関西国際空港を前方後円墳の形にしてみてはどうでしょうか（笑）。空から見て、仁徳陵と同じフォルムが海上にあればドラマチックじゃないでしょうか。それから、高野山を開いた空海も大阪湾から遣唐使として旅立ちました。この際、関西国際空港を1年間でも「空海記念空港」という名にするとか。関西国際空港に降り立ったら実感できますけど、「空」と「海」の映える空港ですから。空と海……空海空港。子どもの時分に地図を眺めていて、琵琶湖と淡路島が対に見えたものですから、それなら大仙古墳（仁徳陵）が飛び出して空港になったら……とか空想していました。

質問者　上町台地ってすごい歴史と文化があるんだなと思いましたが、映画や本で面白く知ることができる方法があれば教えてほしいです。

河内　今年から来年にかけては大阪の陣から400年ですね。落城の歴史を祝ってよいのかどうかわかりませんが、『軍師官兵衛』でも大坂城が出てくるはずですし、もっともっとドラマで取り上げていければ――細川ガラシャを大河ドラマの主人公にPRする動きもありますし。

難波宮が登場する小説があるか探してみました。井上靖の『額田女王《ぬかたのおおきみ》』に丁寧に描かれています。もっと昔の高津宮のことは田辺聖子さんの『隼別《はやぶさわけ》王子の叛乱』に出てきます。

この近くにお住まいのミステリー作家、有栖川有栖さんに、なんでもよいから上町台地を舞台にして書いてほしいとお願いしているのですが、作家というのはそういう動機で書けるもんじゃないそうで、特にミステリーはアイデア優先ですから。でもそういう意識をどこかに持っていただいていれば、いつかは書いてくれるかもしれません。最近、『幻坂』というのを有栖川さんが書かれました。これは上町台地のことです。

◆◆◆

河内　最後に一言ずついただきましょう。

阪口　これだけをやったらうまくいくということはなく、すべて相乗効果だと思います。東京より他言語表示が少ないと思います。もちろんしてくれてはいるのでしょうが、東京ではモノレールも4カ国語アナウンス、そして表示もあります。山手線でも充実していますので、大阪も地道なところで他言語を増やし、いろいろな努力をしていけばよいのではないでしょうか。

山本　外国人から見ても大阪は魅力的な町だと思います。4カ国語表示などが進めばもっとその良さが伝わると思います。大阪大学のイタリア人が私のことを研究していて、「勉強するところが東京じゃなくてよかった。色で言うと、大阪はすごく明るい色で見える。東京はグレーだ」と彼は言うんですね。

ただ、大阪の人は大阪の人だけで何とかしようとしがちです。阪神もタイガース出身の監督でなくてはいけないとか言っているときはアカンのです。よそから監督を招いたときに優勝したりします。東京で名を馳せた人の大部分は東京出身ではなく地方出身者です。地方出身で大都会で成功した人を東京から招聘して、大阪をどういう風にしていったらよいか、いろいろなアイデアを聞けば面白くなるのではないかと思います。大阪の人たちだけで話し合うのは時代遅れだと思います。外国の方だろうが良い意見を聞くゆとりを持つべきだと思います。

長谷川　筆ヶ崎の日赤病院の開発が行われたとき、たまたまUR都市機構の審議員をやっていましたので、難波大道が通る筆ヶ崎は歴史的にすごいところなんですよという話をしたら、URの方が何もご存知なかった。せめて日本で初めての官道だという歴史を知っておいてもらったら、1階あたりに難波大道はすごいところだったんですよという何かモニュメントを含めてつくってくれたら、開発をベースに歴史的なものが出てくるのに……。これほど素晴らしいストックを活用できない大阪が残念で仕方がないです。

道頓堀400年の開削に当たって、本当は1400年の話をしたいのですが、せめて400年でも大阪の歴史のストックの大きさを何とか皆さんに知っていただけるような内容に仕上げていきたいと思っています。

谷　江戸時代のほうが、大阪の観光に熱心だったんじゃないでしょうか。現代はその視点が弱いと思います。

最初に述べたように、江戸時代の人は「蓮如の松」を名所にしています。実を言うと、いまの京都はそういうものが多いんです。大阪の人も地域の資産をどう磨き込んでいくのかを考えていくことが大切です。

その可能性を一番秘めた場所が、この上町台地じゃないでしょうか。上町には歴史資産もあるし、風格のある町並みがあります。それをしっかりと磨き込んでいけば、10年・20年後には大変立派な風景になると思います。

そのセンターとして、この大阪城スクエアという施設がしっかり機能していただければと思います。今日初めて来ましたが、大阪城のロケーションもすごく良いし、大阪の町づくりの拠点としての役割を果たせるんじゃないかと思いました。

河内　蓮如上人がやってきて「おさか」と記した場所で、景色も抜群ですし、実際に人気がありまして使いたい人が殺到しているようです。

船場は商都のシンボルでしたし、臨海地域は近代に工都となりました。そのため「天下の台所」や「東洋のマンチェスター」……つまり時代ごとに栄えた産業でアイデンティティを唱えがちなのが大阪ですが、産業構造が変わってしまうと通用しなくなる。なまじある時期に成功したため、なかなかそこからイメージが脱却できない。

その点、古都としての上町台地なら、産業構造がどんなに変わろうが原点として残ります。商都や工都だけでなく古都というのを残しておかないともったいない。京都だって実際には商工業都市でもあるのですが、古都を自称することで商店や企業のブランド価値を上げてきました。大阪だって難波大道を謳うだけでも、長い目で見たら土地の付加価値、資産価値は上がります。古都としての大阪が残っているということは大切にしていかなければならない。

平成20年度（２００８年度）から始めた上町学はこれで一応終わりとなりますが、この後は追手門学院地域文化創造機構に引き継いでいただきまして、できれば「上町学会」という学会を創っていきたい。もちろん大阪の上町学が中心となりますが、全国の、下町に対する上町という概念を打ち出す中心地としても機能したい。先ほど上町のおやっさんが出てくるという落語の話がありましたけれど、あれは、半分引退したような世間の機微に通じたご隠居さんが下界を見下ろしているという、上町台地ならではの立地からくるキャラでしょうね。歴史の位相を体現するような、そんな上町台地の文化を残し伝えていきたいと考えますので、よろしくお願いします。

◆◆◆

山本博史　上町学プロジェクトは平成20年（２００８）12月から継続してまいりましたが、第13回上町再発見講座をもちまして終了します。この成果を報告書という形で次年度にまとめ、大学のＨＰでもアップしたいと考えています。
産経新聞に50回にわたって上町学関係のコラムを掲載し、いろいろな方に執筆していただきました。最初は２週間に１回でしたが、好評ということで途中から毎週になり、原稿を預かって新聞社に入稿する前にチェックをしなければいけません。私の専門は西洋哲学で上町学とは何の関係もないんですけど、山ほど本を買って調べたりしてチェックをしました。「そのコラムにふさわしい写真を一枚準備してください」ということでしたので、カメラを持って毎週4、5時間、上町台地を50回にわたって歩き倒しました。たぶん追手門学院の中で上町台地を一番よく歩いた人間だろうと思います。

ここでシンポジウムとかがあったときに歩いてみるということをやっています。今朝も11時にここへ着き、大阪城の梅林が咲いているかなと見に行きました。旧制の北野中学、北野高校のOBたちが寄贈したところから始まっていると思うのですが、あそこにいろいろな園芸品種、ネーミングのすばらしい梅があり、私がずっと待っているのは「思いのまま」という梅です。今日見に行ったら一輪だけ咲いていました。

平成27年（2015）の4月を目標に新しい学部、「地域創造学部」の開設を目指しておりまして、その中に「大阪学・上町学」を入れようと準備しております。ここでやってきた内容を反映させたいと思っています。上町学のプロジェクトはここで終わりますが、何かの形で継続しなければなりません。追手門学院発祥の地がこの上町台地にある以上、上町学、上町台地と縁を切ることはできません。どういう形で地域文化創造機構に引き継いでいくか、いまのところ私の頭にはアイデアはありませんが継続していきたいと思いますので、これからも協力していただけたらと存じます。

Ⅵ

豊臣家と大坂の陣

以下は、平成21年（2009）8月23日に、追手門学院大阪城スクエアにて開催された第3回上町再発見講座「大坂燃ゆ」の第1部、笠谷和比古・国際日本文化研究センター教授の講演「豊臣家と大坂の陣」を収録したものです（司会は、河内厚郎・追手門学院「上町学プロジェクト」座長）。なお、第2部は、講談師・旭堂南陵氏による講談「真田幸村　大坂入城」でした。

豊臣家と大坂の陣

河内　大阪城にたくさん観光客が来ているわけですけれども、大阪城のことを実際問題どれくらい知っているかというと、私自身も心もとないわけでして、海外から来られるお客さんの中には、本当に秀吉が造った大坂城だと信じて来たらエレベーターがあるのでびっくりされたりする方もあります。

今日お越しいただきました笠谷和比古先生は、昭和24年（1949）のお生まれで、今月還暦を迎えられますが、いま一番脂の乗りきった歴史学者であり、武士道の専門家として人気学者となられています。『その時歴史が動いた』というNHKの人気番組のコメンテーターとして、最も多くご出演なさいました。

古典芸能への素養も深く、子供の頃に宝生流の子方として能舞台に立たれたところから始まり、ワーグナーのオペラに至るまで話題は豊富です。本日準備された資料を拝見するだけでも、我々の知らないことをたくさん教えていただけると期待しております。

笠谷先生のご講演のあとに、旭堂南陵師匠による『大坂の陣』シリーズの講談がございます。夜7時から大阪城公園の西の丸庭園で『城は燃えてもオレたちは！』という芝居が上演されるので、その開演に間に合うようにと、この時間帯になりました。

それでは、『豊臣家と大坂の陣』を笠谷先生に語っていただきます。

◆◆◆

笠谷　ここは右に大阪城を眺めて本当に素晴らしいところです。日本には歴史遺産を含めまして、先祖から受け継いだ資産、たくさんの伝統文化が多々ありまして、それらをもっと活用していくべきではないかという取り組み、運動もやっています。大阪城、上町台地、その下に展開する難波宮……様々な歴史的な遺産を大阪の町は持っています。それらを十分に活かしきれていないんじゃないかと残念に思います。

大阪の人が大阪城をどれくらい知っているのか。いまの大阪城と秀吉が造った大坂城はどういう関係にあるかということについてどれだけ認識をお持ちでしょうか。エレベーターがあるということは、近代になってからの復元だとおわかりになるかと思いますが、その他の石垣構造、お堀であるとか——。

結論から言いますと、これは秀吉が造ったものではありません。徳川幕府が造ったものでして、現在の大阪城はすべて徳川大坂城なんです。豊臣大坂城は地下に埋まっています。

大坂の陣が終わって4年後の元和5年（1619）、徳川幕府は直轄城とした大坂城を大改修します。豊臣大坂城を全部埋め込んでしまい、そこに盛り土をして、その上に新たに徳川大坂城を造った。大阪の人は頭にくるわけですが、天下の諸大名を総動員して徳川大坂城ができたわけです。

したがって、盛り土をした関係上、石垣が非常に高い。本丸の土台のところも高くなっていまして、大坂城の石垣は江戸城の石垣より高いと言われているほど見事な石垣でした。

ですから秀吉の大坂城を見ようと思うなら、その下を掘らないといけない。本丸のところを掘るのは難しいと思います。

徳川大坂城にも天守閣がありましたが、落雷で焼失して、天守閣がない状態で幕末を迎え、戊辰戦争のとき鳥羽伏見の戦争に負けた徳川幕府が火を付けて撤退したので、建物が全部焼けてしまいました。

昭和になり、秀吉時代の天守閣を持ちたいという思いが大阪の市民の間に現れ、天守閣だけ復元しました。『大坂の陣屏風図』という、大坂夏の陣・冬の陣を描いた屏風が残っていますので、その屏風図に基づいて現在の鉄筋コンクリートの天守閣を造りましたが、ちょっと不自然なわけですね。下の石垣構造と堀は徳川大坂城、天守閣は豊臣天守閣の復元という、やや奇妙な構図ですが、これも歴史の重ね合わせといえば、それはそれとして受け止める必要があるかと思います。

その他のところは豊臣大坂城のほうがはるかに巨大な構えを持っていまして、徳川はコンパクトに本丸・西の丸あたりでまとめ上げたわけです。本丸・西の丸の位置関係は、豊臣時代の本丸・西の丸を比較的継承している部分があると思います。豊臣大坂城は二の丸・三の丸を持ち、さらには惣構えというのもありました。どこまで広がるかというと、現在の空堀商店街のところが豊臣大坂城の南になります。

あそこだけ水が来なかったんですね。ほかは淀川水系、大和川水系の巨大な水量によって大坂城は守られていたわけですが、唯一の弱点が南側でした。名前の通り空堀があり深みはあるんですけど、川の水、堀の水を落とすことができなかった。

どうして水が通らなかったのか。大和川を分水して空堀のあたりに流すというのは、実際にやってみると、なかなか難しいらしいんですね。古代では和気清麻呂が試みて失敗しています。

北も東も西も巨大な堀と川に遮《さえぎ》られて攻められませんが、唯一攻められる弱点が南側で、つまりそれが大坂城の弱点ということになります。したがって、徳川軍が大坂夏の陣、冬の陣で攻めるのは必ず南側からということになりました。

夏の陣では家康は茶臼山に本陣を置いています。秀忠はもうちょっと西のほうの岡山というところですが、いずれにせよ、南の天王寺の方面から攻める。

南のほうに弱点があるということは大坂方にも衆知でして、冬の陣で徳川軍を撃退した天下の名将とされた真田幸村も「南側に弱点がある。必ず徳川は南の方から攻めるに違いない」と、独自に真田丸というのを築いて南側にそなえました。幸村の狙い通りに、大坂冬の陣は真田丸中心の攻防戦になっていくんです。

皆さん、ぜひ本来の豊臣大坂城の惣構えというのを実地に歩いて体験してもらえればなと思います。

北側には淀川水系、東のほうは猫間川がありまして、船場と境目の東横堀川が豊臣大坂城の西側の限界線です。

現在の大阪城に比べて極めて巨大な造りの、まさに難攻不落の城でした。

大坂の陣に至るまでの経緯の前提になるのは、関ヶ原合戦と、それ以後の豊臣家の位置づけ、そしてその帰結としての大坂の陣という流れが基本線になるわけですが、関ヶ原合戦後における豊臣家の地位というのは、東軍が勝利を収め、西軍が敗北したことによって一大名に転落し、その3年後に徳川幕府ができて、260年にわたる支配の盤石の基を築く。豊臣家というのは摂津・河内・和泉、摂河泉の65万石の一大名に転落したというのが従来の認識で、旧来の歴史学の教科書に載っている一番スタンダードな認識です。

一大名に転落した豊臣家に対して何でわざわざ大軍を率いて大坂の陣を起こさないといけないのか理解し難いということになりますが、とにもかくにも旧来の定説はそういう形で認識されています。私どもは、その認識に対して異を唱えていると言ってよろしいと思います。

まず、最初の関ヶ原合戦において徳川家は260年にわたる支配の盤石の基を築いたという認識から検討していきたいと思います。（地図（図Ⅵ・1）を見ながら）これは関ヶ原合戦後における日本全国の諸大名の領地配置を示したもので、10万石以上の大名をピックアップしています。一重丸が譜代大名、二重丸は親藩、黒印で示してあるのが外様大名です。白丸が徳川系、黒印が徳川にとっての

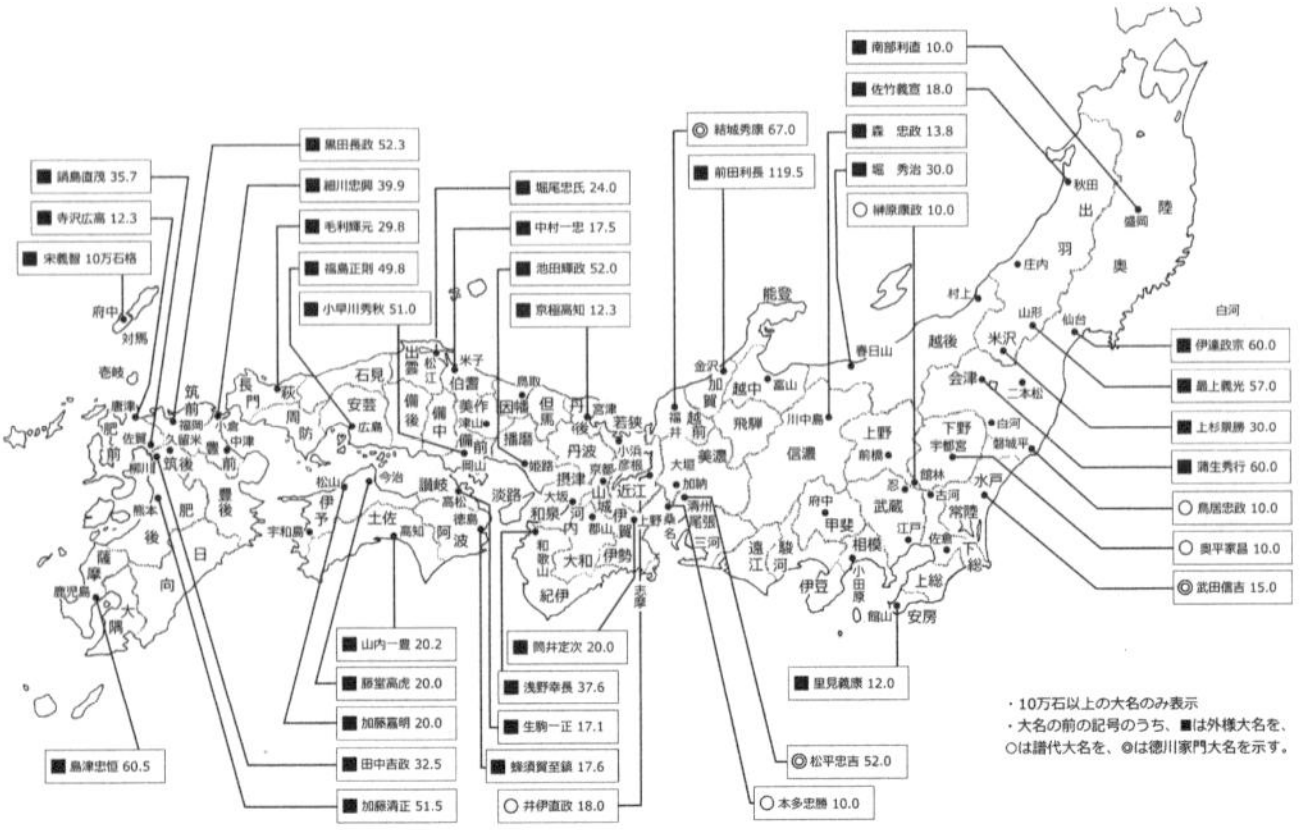

図Ⅵ・1　関ヶ原合戦後の大名配置と領地石高
（当日配布資料より）

外様系ですが、黒印が圧倒的に多いというのが一目瞭然ではないでしょうか。

関ヶ原合戦後に徳川が支配した領地とは、どこか。陸奥・岩城平の鳥居忠政10万石が徳川家の領域の東の限界線で、以下、関東八州、東海道筋が続いて尾張になり、越前67万石は家康の次男の結城秀康。彦根の井伊直政の18万石……ここで止まってしまいます。

その後、膳所に3万石というのができますが、関ヶ原合戦直後では彦根止まりです。近江が徳川領国の西の限界線になり、京都から西に徳川の大名は一つもないんですね。

信じられますか。

紀伊・和歌山の浅野幸長は豊臣系。摂津・河内は当然に豊臣系で、播州に行きますと姫路は池田輝政で豊臣大名。備前・美作の岡山は関ヶ原の寝返りで有名な小早川秀秋。安芸・備後の広島は福島正則の49万8 2

00石、秀吉子飼いの武将です。

山陰に行きますと、伯耆の米子は中村一忠で豊臣系、出雲の松江は堀尾忠氏で豊臣系、長門・周防は負け組の毛利が8カ国から2カ国に減少されておりますが外様です。四国に行きまして、讃岐の生駒、阿波の蜂須賀、土佐は有名な山内一豊、伊予は松山が加藤嘉明で今治が藤堂高虎——すべて豊臣系になります。

九州に行きますと、小倉の細川忠興は豊臣系というと語弊があるかもしれませんが、外様であることは間違いありません。黒田長政は豊臣系ですね。肥前の寺沢広高も肥後の加藤清正も筑後柳河の田中吉政も豊臣系になります。薩摩大隅の島津、肥前佐賀の鍋島は豊臣ではなく旧族大名ですが、すべて外様です。

10万石以上の大名を挙げましたが、それ以下なら徳川系の譜代大名もあるんじゃないかと、しらみつぶしに全部調べました。豊後国とか日向国とか備中国、但馬・丹波国などは中小大名が混在しているところなので、譜代大名が三つ五つあってもおかしくないんですが、一つもない。

北陸のほうへまいりますと、加賀・越中・能登は前田利長で豊臣系。越後は堀秀治でこれも豊臣系。会津は蒲生秀行、負け組の上杉であるとか、転封された佐竹であるとか、最上・伊達・南部——これらは旧族系の戦国時代以来の大名ですが、徳川にとって外様の大名であることは言うまでもありません。

これが関ヶ原合戦後の現実なのです。天下をつかむところは三分の形勢といってよいでしょう。ちょうどうまい具合に20カ国ずつ分かれています。徳川系の領域が20カ国、豊臣系の諸大名が確保したのが20カ国、伊達や島津など旧族系の大名が所有するのが20カ国。日本全国は66カ国ですので、天下はちょうど三分の形勢なんですね。

徳川系の領国は三分の一でしかない。三分の二は外様大名。三分の二のうちの半分が豊臣系外様、残りの半分が旧族系の外様というふうに天下が三分されたのが、関ヶ原合戦後の領地配置でした。これをもってして、どうして徳川幕府が260年に渡る盤石の基を築いたなどという結論が出てくるのか納得できません。一種、思い込みのところがあると思います。

確かに徳川幕府は成功裡に260年間、結果的に支配しきったというところがあり、その成功の出発点が関ヶ原の合戦後だったと結果論的に遡及していくことから、そういう思考法になるわけで、関ヶ原合戦の直後を見るなら、とても徳川幕府は全国を支配できるような状況ではなかったということです。家康は関ヶ原の合戦で勝利を収めたわけですが、全国支配という観点ではとても不十分な状態でした。これをまずもって認識しなければなりません。

なぜ関ヶ原合戦後における領地配置は徳川にとり劣悪なことになったのか。

関ヶ原の合戦というのは単純に豊臣対徳川の戦いではないということです。五つの対立軸の総合としてあるという考え方を、私はしています。

まず豊臣家の跡目騒動をめぐる豊臣ファミリーとしての対立があります。関白秀次事件が大きな亀裂をなしますし、北政所と淀殿との対立が存在します。

二つ目は、豊臣家臣団の内部対立、これが非常に大きい。石田三成を中心とする五奉行派と呼ばれる吏僚派と、加藤清正・福島正則ら武功派との対立です。よくある行政官と軍人の対立ですが、豊臣家では特に深刻で、致命傷であるくらい亀裂が深かったということです。

三つ目の問題は二つ目とかなり似た問題ですけれど、本質が少し異なり、豊臣政権の全国統治策をめぐる対立です。石田三成ら行政派の進める対策は中央集権型で、加藤清正や福島正則らが求めるのは大名の独立自治分権型ともいうべきものでした。三成側が行った有名な太閤検地というのは、大名領の権利を侵犯し、検地をして、大名領が50何万石とか打ち出すのはよいとして、その中に秀吉の直轄領を埋め込むという政策です。秀吉の直轄する1万石を大名領に埋め込むということですから、大名側はたまったものではない。自分の領地の一番良い1万石を取られると同時に城内に軛《くびき》が設けられることになる。

大名のほうはやめて欲しいと自治分権を唱えるわけで、その分権派の代表格が徳川家康でした。家康は武人派のリーダーであると同時に分権型体制のあり方を代表していたわけです。

関ヶ原の合戦は、体制選択型の戦争という形をとった、一つの政治決着を目指す対立なんですね。三成が代表する中央集権型の国家体制と、家康に代表される自治分権型の対立が、関ヶ原合戦には存在しました。家康が勝利を収めると大名領内の公儀直轄領が消えてしまい、中央政権が大名領の中に乗りこんできて検地をするなんていう政策もなくなってしまいます。徳川政権は自治分権型を尊重する政権だったといえます。

四つ目は、公儀としての豊臣政権内部における主導権闘争です。有名な五大老・五奉行制です。秀吉亡き後、秀頼のもとにおいて誰が第一人者として権力を掌握するかというヘゲモニー闘争が存在しました。徳川家康がその中でも重要人物ですが、アンチ徳川の連合もなされる形で、様々に展開されます。

五つ目は豊臣家と徳川家の覇権抗争で、これが一般に知られている対立図式です。

四つ目と五つ目は似ているのですが、根本的に違うのは、四つ目は現在の政治の枠組みを前提とした上で誰が実権を握るかという話です。豊臣秀頼をいただいた上で誰が実質的な権力を握るかということで、天下の主を選択するのは五つ目の問題ということになります。

加藤清正や福島正則のような豊臣恩顧の武将派の連中は、アンチ石田軍というハンデもあり、家康に近しくしています。四の枠において家康が第一人者ということには極めて協力的で積極的に支持しますが、家康が四を逸脱して五ということになると、これは同調できないということになります。

関ヶ原の合戦は四としての戦いなのか五としての戦いなのか――これが関ヶ原合戦を複雑にしている要素です。

関ヶ原合戦における東軍の構成に大きな難点がありました。東軍には豊臣家の大名がひしめいているのです。福島正則・浅野幸長・池田輝政・藤堂高虎……東軍は7～8万、そのうちの4万5000くらいが豊臣系の大名で、家康はだいたい2～3万くらいです。家康の純徳川軍よりも豊臣系の大名のほうが関ヶ原合戦において大きな比重を占めました。実際、西軍との前線で戦った部隊はあらかた豊臣家の大名でして、前線で活躍した徳川家の部隊というのは、井伊直政と松平忠吉の2隊しか軍事力を発揮せず、それ以外は豊臣系でした。その軍功が領地配置に反映する形で、圧倒的に豊臣大名が進出してきて、徳川が極端に少ないのです。関ヶ原合戦における純徳川の貢献度は低かったということです。関ヶ原合戦において家康は勝利を収めたけれど、同盟の豊臣大名の貢献力によって徳川軍は勝利した。その貢献力が領地配置に反映しました。

なぜそのような奇妙な形になったかというと、純徳川軍が脱落をしているということが一番大きな理由です。関ヶ原合戦における徳川軍の純主力隊は家康ではなくて、嫡男の秀忠が率いた中山道進攻部隊だったということがその原因です。秀忠は中山道を徳川軍3万を率いて西に向かう途中、信州上田城で真田昌幸と交戦をしたため、関ヶ原合戦に遅れを取った。一般的には付随的なエピソードとしてしか考えられていませんが、私が分析しました結果、単に遅れたではすまない。秀忠が率いていたのは純徳川軍だったんです。主力の徳川軍は家康ではなく秀忠が率いていた。その主力軍が欠落したことによって、関ヶ原合戦そのものが徳川軍ではなくて同盟の豊臣軍の力によって勝利をした。それが関ヶ原合戦後の領地配分に反映しているということになると思います。

西軍からの没収632万石の80％強、520万石が豊臣大名に配分されました。20カ国、日本全国の三分の一の地域が豊臣系大名の領土になって、さらに大坂城には豊臣秀頼がいるというふうな状況になりました。

家康は関ヶ原合戦以後、天下の主になったという一般の認識を持たれていますが、これも曖昧だということです。関ヶ原合戦後において秀頼の政治的地位は失墜していません。家康は依然として豊臣家の大老の地位を抜け出していない。豊臣政権の枠組みは解体されずに依然として健在でした。

私はこの関係を二重公儀体制と考えます（図Ⅵ・2）。豊臣秀頼の地位は関ヶ原合戦によって解体もされなければ失墜もしていない。むしろ家康がその政権の枠組みから離脱して新しい政権の体系をつくったと考えられます。

当時の大名の権威というかポジションというのは、単に軍事力だけではなくて、朝廷からもらう官位が大きな比重を占めていました。

家康は朝廷から右大臣、位は従一位、源氏長者、淳和・奨学両院別当、牛車、兵仗という麗々しいものをもらい、征夷大将軍になります。

それに対して秀頼のほうはどうか。慶長3年（1598）に秀吉が死ぬ直前に中納言という高い位に就いていますが、関ヶ原合戦直後の慶長6年（1601）3月には中納言から大納言へ、7年には

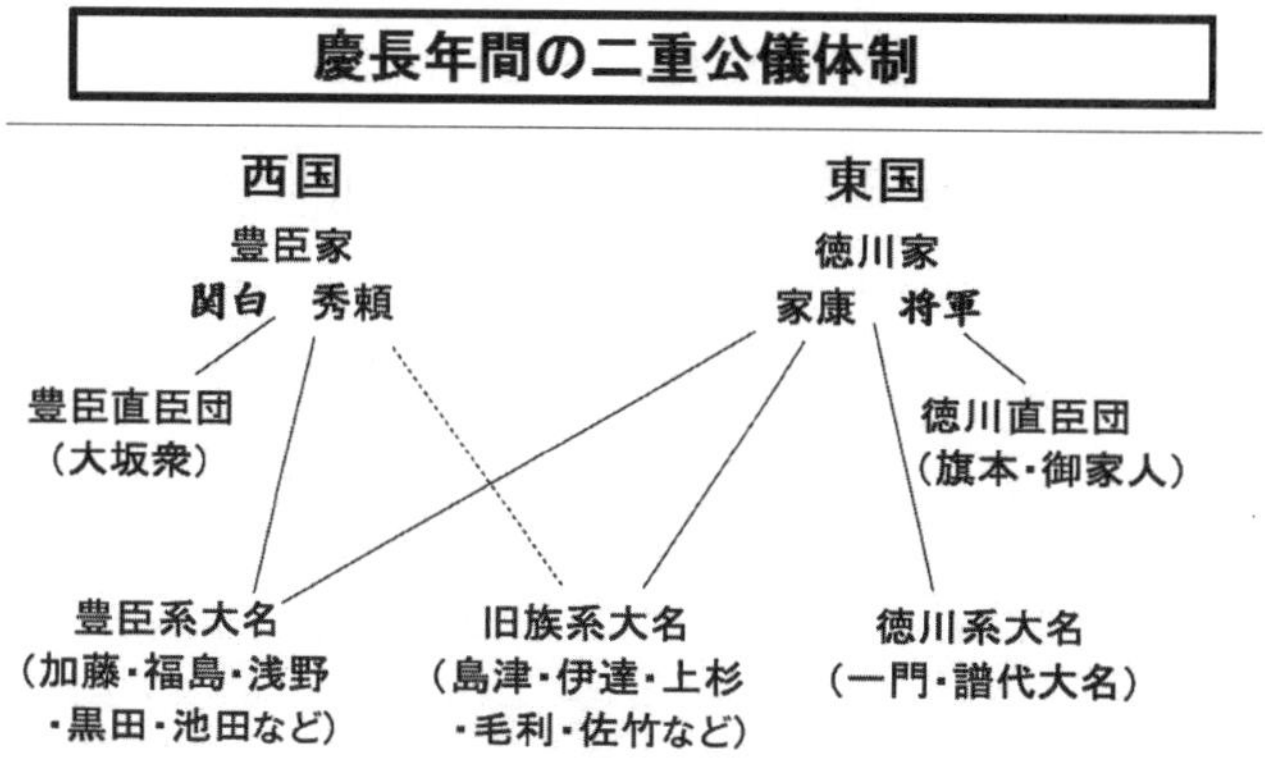

図Ⅵ・2　二重公儀体制の構造
（当日配布資料より一部修正）

従二位から正二位、8年4月には内大臣、10年には右大臣へと一途に地位は上昇しているのです。

形だけの話になっていますが、実際問題どのようなことになっているかというと、座順とか両者が向きあった場合の礼法上の優劣関係を示しているのです。たとえていうと、秀頼と家康のどっちが上座で、どっちが下座であるか、どっちが先に頭を下げて——という話になります。

官位というのが重要です。内大臣というのは、関白になるための一つの大きな基準を満たしているのです。家康も右大臣で征夷大将軍の地位に就いてはいましたが、内大臣という地位は非常に高い地位で、内大臣より下では関白になることはできません。内大臣になりますといつでも関白を授与されてよろしいという状態なわけです。

征夷大将軍はもっと低くてもよい。大納言でもなれます。足利時代を見ますと、歴代将軍は正五位上でもって征夷大将軍になっているのがわかります。よく秀吉は何で将軍にならず関白になったんだという話がありますが、当たり前の話でして、関白と将軍とではもとから話にならない。圧倒的に関白が上なんです。

将軍は皆さんが考えられているほど高い地位ではありません。徳川幕府が征夷大将軍の地位を関白ないし関白より高い地位へ持ち上げてエスカレートさせてしまったために、征夷大将軍は非常に高いという印象を我々は受け取ってしまうのですが、秀吉時代を見ましたら関白が圧倒的に高い地位なんですね。何で将軍にならずに関白になったかというのは初めからナンセンスな話と言わざるをえません。関白は高い地位ですから内大臣にならなければならない。将軍はもっと低い地位でもなれます。秀頼が内大臣になるということは関白に就任するための条件整備と考えられるのです。

では内大臣の叙位は誰が取り計らったか。家康です。慶長8年（1603）の2月に家康は征夷大将軍に任官しますが、その2カ月後に秀頼を内大臣にしています。これは豊臣家に、関白の地位は目の前に来ましたよ、と期待させるということでしょう。実際に徳川はかなりその情報を流しています。家康は将軍に秀頼公は関白になられますという噂がいろいろなところに飛んでいます。3カ所くらいにその資料があり、かなり広範に言っておりますから、私はおそらく徳川のほうがそういう噂を流しているんじゃないかなと思います。

それは家康の将軍就任への抵抗を防ぐためです。家康が将軍になることは豊臣体制との離脱を意味します。ある種、クーデターを起こすわけですね。それに対する豊臣家を中心とした反発をかわすために「これはクーデターではない、秀頼公にも関白の地位がいずれ約束されますよ」ということを意味せんがために、内大臣、関白になるという噂が世上に流されているのです。豊臣にとって関白という地位が重要なキーポイントであるということです。

そして秀忠が将軍に就任したのが慶長10年（1605）4月。よく家康から秀忠に征夷大将軍が移ることによって豊臣家が天下の主になる芽が永久に摘み取られたという説明がありますが、まったくの的外れです。豊臣が求めているのは征夷大将軍ではなく関白なんです。家康はなかなか巧妙でして、さすがに関白は渡すわけにはいかないけれども、関白の代理という形で右大臣の地位を与えた。秀忠に征夷大将軍を譲ると同時に、秀頼を右大臣に就任させることで、大坂方を懐柔する。そのへんが家康の柔軟な政治操作です。徳川は征夷大将軍を、豊臣は関白ということで、東は徳川、西は豊臣で棲み分けましょうということが家康の基本戦略でした。

豊臣家の地位、権威というものは何ら失墜していません。秀頼を中心とする政権は棄損されることなく、むしろ家康がそこから離脱して新たな自前政権をつくったということです。豊臣家の体制は棄損されていないけれども、家康が実力によって諸大名に対する支配力を強めていっているという状況ではあります。豊臣系大名が全国で三分の一、旧族系が三分の一、徳川系大名が三分の一ということで、家康は直轄家臣団の徳川系大名、負け組を中心とする旧族系大名に対する支配力、さらには豊臣系大名への支配力を持っていくわけです。

豊臣の側を見ますと、大坂衆と言われる豊臣直轄団があり、豊臣系大名は両属するような形になっています。旧族系大名は形式的には秀頼のほうに従属しており、上杉とか島津らの外様大名は大坂城の秀頼のもとへ伺候しているという事実があります。内大臣の秀頼が慶長10年（1605）4月に右大臣になったとき、諸大名は京都へ集まって、秀忠の2代将軍就任を祝賀した後に大坂へ行き、秀頼の右大臣就任を祝賀しています。徳川に隠れてこそこそではなく堂々としています。家康は祝い事を容認しているのです。むしろ家康が勧めているとすら感じられるのです。

家康が豊臣家を潰すべく大坂の陣を起こしたんだという理解自体を考え直さなければいけない。東西を分地して棲み分けるという家康の考えに大きな意味があると思います。

京都から以西には徳川の大名が一切いない、小さな大名を二つか三つくらい入れといたらよいじゃないですか。豊後国なんかに徳川の譜代大名を3万石くらいのを入れといたら、九州方面の情報は得られますし、九州で反乱が発生した場合、直ちに情報を江戸に給することができます。行政命令を下すときにも、そこに出先の譜代大名がいれば差配できるから、好都合です。譜代大名は配置しておいたほうが得策であるにもかかわらず一つもない。家康は西国に対して不介入の方針をとっており、西国は豊臣の自治地区であるという考え方です。

皆さん奇妙に感じられるかもしれませんが、武家政治の伝統は東西分有がむしろ常識でした。頼朝が開いた鎌倉幕府は東国政権であり、西は朝廷とか院が支配するという東西分立でした。室町幕府の本拠が京都になりますと、鎌倉公方というものを置く。関東公方です。東国と西国を2人の公方でもって分地をする。秀吉も全部直轄するのではなく東は家康でした。中国から以西は毛利に管轄を委ね、その上に立って秀吉が全国を支配するという形です。

秀吉政権でも東西分有が実質的にありましたから、家康が征夷大将軍という形で実質政権を持ったとき、西を豊臣に委任すると考えるのは自然な話です。東西分有は決して異様ではないのです。徳川幕府が中央政権的に全国を一律支配するイメージになるのはもっと後の話でして、寛永12年（1635）に三代将軍家光が江戸参勤交代制を打ち出し、江戸一元体制となるのです。家康の時代は東国西国を分有するというのがむしろ自然だったということができます。

上杉・島津らの外様大名は秀頼のもとに伺候していました。朝廷の年頭慶賀の勅使は江戸城ではなく大坂城に行っています。忠臣蔵の勅使下向事件で浅野内匠頭がやりました、あの勅使は、江戸時代は江戸に行くわけですが、この当時は大坂城に行っています。徳川に対しては京都の所司代、板倉勝重に対して挨拶しているだけです。大坂の陣が始まる慶長19年（1614）の春ですら大坂に来ているのです。

慶長年間に家康は日本全国の国絵図というものをつくりました。伊勢の国の絵図が残っておりまして、村ごとに誰がそこの領主であるかという記載がある中に、桑名領主・本多忠勝の名前があります。

本多は中務大輔という名前も持っていますから、本多中務と言ったりします。その他にも関一政とかいくつかの伊勢の国の大名の名が書かれています。そんな中に見慣れない名前、丹羽左平太とか平井弥次衛門が出てきます。調べてみましたら、豊臣秀頼の直轄家臣の大坂衆と呼ばれていた人たちとわかりました。つまり平井弥次右衛門と本多忠勝が同列で絵図に書かれているのです。もし豊臣秀頼が一大名に転落していたら、そこには豊臣右大臣と書かれないといけないわけですが、秀頼の家臣の名前が書かれている。本多忠勝と豊臣秀頼の家臣が同格で、秀頼はそれより一格上だとわかります。

しかも伊勢の国絵図は大事なことを示しています。豊臣秀頼の領地は摂津・河内・和泉の65万石ではないということを示しているのです。関ヶ原合戦後、豊臣秀頼は摂津・河内・和泉の一大名に転落したと、すべての教科書が書いています。転落したというのは論外ですが、65万石というのも秀頼の直轄領の数字でしかない。豊臣秀頼の家臣の領地はそれらのほかに存在しているのです。

豊臣秀頼の直轄家臣団は大坂衆と呼ばれました。徳川でいうなら旗本に相当します。多くの場合は大坂城のあたりに屋敷を持つような人々の領地が、摂津・河内・和泉以外にもある。その代表例が伊勢の国です。丹羽左平太、平井弥次衛門は一つの例証になります。

伊勢の国にどうして秀頼の家臣の領地があるのか……。私も最近になってわかりました。摂津・河内・和泉の65万石というのは秀頼の直轄領の領地のことで、自分の知行所を持っている直轄家臣は、それ以外に広く分布しているということがわかってきました。実際にどれくらい分布していたかは、これからの研究によって明らかになってくるでしょう。それを含めたトータルの豊臣秀頼の領地というのはおそらく100万石に近くなるだろうと想像します。いずれにせよ伊勢・備中、その他に西国一帯に広く展開していることが予想されます。

慶長10年（1605）、二代将軍秀忠が将軍になりました年に江戸の町が大改造されました。慶長11年は江戸城普請、江戸城の大拡張工事が行われて、これに全国の諸大名が総動員されます。ところが豊臣秀頼の名前はない。ですから豊臣秀頼は別格であるということがここでもわかるのです。それのみならず、工事を担当する8名の普請奉行のうちの4名は現将軍の家臣、2名は大御所家康の直轄家臣、あとの2名が豊臣秀頼の家臣です。将軍の居城の工事監督官に秀頼の家臣が入っている。これは秀頼が家康の主人であるということです。自分の居城を修復するときに主人のお目付け役を招じ入れるという習慣からきているのです。家康は秀頼の家来であることを自認しているということです。もちろん大坂城の普請に徳川の家臣が入りこんでくるという事実は現在のところありません。

慶長16年（1611）の二条城会見は、なかなか家康に面会しようとしない豊臣家、嫌がる淀殿に圧力をかけ、秀頼に上洛をさせて家康に臣下の礼をさせたということになっています。しかし、資料を見れば一目瞭然ですが、秀頼が上座で家康が下座なんです。現在の二条城に一般の侍を集める場所が「会見の間」として表示されていますが、まったくの誤りです。現在の二条城は寛永3年（1626）に改造されていますから慶長年間とは同じではないわけです。間取りは変わったけれど部屋自身は継承されているのではないかというのが建築学者の共通意見でして、いま残されている二条城二の丸御殿の会見の場所がどこであるかと探すと、ズバリ「勅使の間」と呼ばれている場所が相当します。『当代記』という資料の、秀頼がどのようにその場所に入っていったかということを示す行程からしまして、秀頼は家康に迎えられた後、庭から御成の間に招じられたことになるのです。

これまでの研究者は気が付いてないのですが、庭から屋敷に入るということはどういうことか。ふつう人が屋敷を訪問したとき玄関から入るのが当たり前じゃないですか。庭から入るというのは極めてぞんざいな扱いになります。多くは主人が家来のところに入る作法です。その作法でもって入り、御成の間に通された。そして秀頼は御成の間、家康は下座にいた。そのときに家康は「互いの礼でありたい」と言った。相互対等の形にしませんかという提案をしたところ、秀頼は家康の提案を遮って、みずから家康を御成の間に招き、自分が家康の場所に行って拝礼をした。このように『当代記』は書いています。

これまでの研究は最後だけを採っているんです。秀頼が家康に対して頭を下げた――ここだけを採っているのです。それで秀頼は臣下の礼を余儀なくされたという結論を出しているのですが、秀頼のほうが十分に配慮をして家康のイニシアチブを認めたわけです。相互対等以上に家康を立てる形を秀頼自身が示したと言ってよいのです。

なんでわざわざ卑下するのか。解釈は様々だと思いますが、私が思うに、二条城会見でずっと秀頼から離れなかった加藤清正あたりの進言ではないかと思います。豊臣と徳川は険悪になっていますが、ここではむしろ徳川を立てる態度を取ることが豊臣家にとって安泰なわけです。家康よりも秀頼の自発的意思、態度でもって家康の指導権を認めたということです。

家康が最初にやったことは、諸大名から誓約書を取ることでした。「以後、江戸から法令を発するので法令に従うべし」という三ヶ条誓詞の発令です。逆に言いますと、江戸幕府が法令を出すというのはそれまではなかった。関ヶ原合戦から以後、軍事動員とか石垣を造れとか、そういう命令はありますよ。しかし法令というものは出していない。徳川幕府の直轄家臣団には出せますが、加藤とか福島とか島津とか全部の諸大名に対して法令を出すということはできていない。豊臣の権威を徳川は超えることができなかった。秀頼が家康に頭を下げて初めて、徳川幕府は全国の諸大名に対して江戸幕府の法令に従わせたという流れになりました。

この三ヶ条誓詞も、豊臣秀頼だけは例外で、署名はしていません。それほど豊臣の存在は大きく、それだけ家康が配慮をして共存共栄で棲み分けたわけです。

そして孫の千姫を秀頼のもとに一種の人質として送る。そこまでした家康に、なんで大坂の陣を起こす必要があるのかという問題になります。私自身にも大きな謎でして、10年経って達した結論はこうです。

家康の立場としては、もし自分が死んだらどうなるかと考えました。家康のところへ秀忠という名前が入った状態で、二重公儀体制のバランスは取れるだろうか。結論はＮＯです。豊臣系大名も家康についていますが、これは徳川についているんじゃない。家康のカリスマ性に惹かれてついているのです。家康が頼もしくもあり恐ろしいという観点から、加藤であれ福島も。

秀忠のせいではないんですが、天下分け目の関ヶ原の合戦に遅れたという事実は否めません。ダメ将軍という烙印を押された、どうしてそんな秀忠に従う必要があるか。

旧族系大名は豊臣系大名より、たちが悪いということがわかります。豊臣系大名は関ヶ原合戦後、たくさんの領地を家康からもらいました。その限りでは恩義があり、秀忠に従おうとは思わないけど徳川にことさら敵対しようとは思わない。ところが旧族系大名にとっては、家康が死ぬということは、失地回復の好機到来ということになります。毛利にとりましては、失った領地を取り返す絶好の機会到来です。秀頼に対して破線であり家康に対しては実線ですが、秀忠と旧族系大名の実線が消滅すると同時に秀頼と旧族系大名の破線が実線化してしまう。そうすると秀頼は大坂・豊臣大名・旧族系大名の三つを支配し、秀忠側は徳川次期家臣団と徳川系の大名しか支配できない。多数は旧族系大名ですから攻撃の危険を背負い込むような状態です。

家康が死んだときに到来する二重公儀体制の現実を考えた場合、家康は綺麗ごとではすませられません。

家康はそれでも踏み切れずに悶々としているのです。かなり我慢しました。最後に「国家安泰」「君臣豊楽」で、ついに大坂を攻めるわけです。

　宣伝めいて恐縮ですが、関心のある方は拙著『関ヶ原合戦と大坂の陣』に方広寺の鐘銘問題の推移について書いてありますので、ご覧になっていただければ幸いでございます。

Ⅶ

歌舞伎の古都〜中寺町

河内　厚郎

▼歌舞伎の古都〜中寺町

船乗り込み

昨年（2014）6月29日、毎夏恒例の「船乗り込み」が行われて、終着点の道頓堀戎橋周辺は歌舞伎ファンで埋まった（図Ⅶ・1）。

歌舞伎役者の一行が鉦と太鼓のお囃子を響かせながら、土佐堀川から東横堀川を回り、道頓堀の芝居町まで市中を巡行する水上パレード「船乗り込み」は、江戸時代の上方浮世絵にも描かれた水都の風物詩である。これを見んがため来阪する歌舞伎ファンも少なくない。村松梢風『名優船乗込』には明治25年（1892）の、三田純市『遥かなり道頓堀』には大正4年（1915）の、それぞれ盛大な船乗り込みが活写されたが、昭和に入る頃、いったん途絶え、昭和54年（1979）に復活した。

大阪市民が水際の建物から身を乗り出し花形役者に熱狂するラストシーンで名高い『残菊物語』（昭和38年（1963）松竹、市川猿翁・岡田茉莉子主演）は、明治25年（1892）の船乗り込みを再現した映画であるが、あのドラマチックな幕切れに感動したという外国人に私は何人も出会った。先年、滋賀・京都・大阪の3府県で開催された「水フォーラム」で、海外のジャーナリストたちに船上

図Ⅶ・1　土佐堀川を行く歌舞伎役者たちの船
（写真提供：河内厚郎）

から大阪の都心部を見物してもらった折、「美しい町」という反応が予想を超えて多かったのは嬉しいことであったが、なかでも「水際にビルが立つのが印象的」という感想が印象に残っている（だから、何かというと遊歩道デッキをつくり、川幅を狭くしたがる向きに私は反対する）。

船に乗って華やかな芸能者の一団がやってくる光景は、大阪市中の水辺で育った歌人・民俗学者、折口信夫の言う「まれびとの来臨」を想起させる。「まれびと」とは、海の彼方から訪れて幸をもたらす神のことであり、内陸部では川を遡行してくる神の姿となって現われた。昭和30年代以降、多くが東京に本拠を移した歌舞伎役者たちが「まれびと」となって大阪の芝居町へ還ってくる船乗り込みの儀式は、博覧会に踊り、スクラップ&ビルドに明け暮れるうちに、むざむざ外へと追いやってしまった、大阪の歴史と文化の残像を、「水」を媒介にして呼び戻す祭礼として再興されたのだった。そんな道頓堀川をプールなんぞにしたら、大阪に本格的な夏の到来を告げる船乗り込みはむろん、近松門左衛門の『平家女護島』に名が見える難波八坂神社の船渡御もできなくなってしまうではないか。

「水際」と「船」と「まれびと」が喚起する懐かしさ——それは、10世紀に淵源を持つ天神祭の船渡御はもとより、さらに古層の記憶をも浮かび上がらせる。

大阪湾岸における最古の祭として文献に登場する八十島《やそしま》祭は、天皇即位の翌年、宮中の神殿に仕える女官が、海から生命力を得ようとして天皇の衣を難波《なにわ》の海岸で振るという儀式であった。海の大嘗祭とも呼ばれた八十島祭は、平安初期から鎌倉時代まで行われていたことが文献から判明しており、平清盛の正室・時子も二条天皇即位の折に務めたが、海に臨む難波の地（上町台地）に都が置かれた時代から存在した可能性も示唆されてきた。

名優たちが眠る町

昨年（2014）の船乗り込みでは、坂田藤十郎・片岡仁左衛門・片岡秀太郎らが乗る船に私も同乗したが、秀太郎がまめに立ち上がって写メを撮っていたのは、自身のブログに使うためではないかしらんと想像していたら、はたしてそうであった。

秀太郎のブログには、曽祖父・八代目片岡仁左衛門が眠る、中寺町の薬王寺《やこうじ》に自身の墓所も定めた旨が記されていた。この薬王寺（日蓮宗）には、片岡仁左衛門家のほかに、初代中村富十郎、初代・四世の岩井半四郎、四世片岡愛之助らの墓がある。

由緒ある名跡を残した歴代の歌舞伎俳優の墓所は上町台地に多く、とりわけ中寺町、それも日蓮宗の寺々に集中している。都心ながら戦火を免れ、静かな陽だまりのごとき趣の漂う中寺町は、名優たちが眠るにふさわしいところだ。大阪の役者はもとより、東京（江戸）の役者が大阪で亡くなり、そのまま葬られているケースもある。

片岡仁左衛門家の墓所

格式を重んじる東京と違って実質本位の大阪では、家柄や名跡より個人の芸を優先させる風潮が強かったため、元禄期から後世まで代数を重ねる歌舞伎俳優の名跡は多くないが、例外は片岡仁左衛門家で、当代まで15代続く名門である。

秀太郎の曽祖父に当たる8代目（１８１０〜６３）は、体格はやや小さいものの男ぶりが良く、和事を本領とする芸風に育った。9・10代目は死後の追贈となる。幕末に生まれた11代目仁左衛門（1858〜1934）は8代目の次男で、幼名は秀太郎。若い頃（片岡我當の時代）は大阪で初代中村鴈治郎と人気を二分した。反骨精神旺盛、義侠心あふれる名人気質で知られ、新作にも力を注ぎ、東西の歌舞伎界で活躍した名優である。

12代目（1882〜1946）は、10代目の遺児が継ぎ、女方を本領とした。美声・美貌で音曲にも堪能だったが、終戦まもない昭和21年（1946）、使用人（狂言作者）に殺されるという不幸な最期を遂げた（実子の故・市川吉五郎は、私の卒業した西宮市立大社小学校の先輩なので、いろいろと12代目の思い出話を聴かせてもらった）。

13代目（1903〜94）は11代目の愛児で、昭和26年（1951）に大阪歌舞伎座で仁左衛門を襲名した。上方歌舞伎が衰退していく事態に敢然と立ち向かい、昭和中期の道頓堀で「仁左衛門歌舞伎」を旗揚げする。現在の我當・秀太郎・仁左衛門の父で、晩年には視力を失ったが舞台に立ち続けた（この13代目が実は安田財閥の血を引くというのは公然の秘密となっている）。

秀太郎の弟である現15代目仁左衛門は、阿倍野の北畠に生まれ、昭和24年（1949）に、いまはなき道頓堀中座において『夏祭浪花鑑』の子役で初舞台を踏み、39年（1964）にこれも姿を消した道頓堀朝日座の『女殺油地獄』で初の主役を演じて注目された。3年後には東京へと本拠を移すが、兄の秀太郎は大阪にふみとどまり関西歌舞伎の灯を守っている。

薬王寺に眠る人々

薬王寺に眠る名優たちを見ていこう。

初代中村富十郎（享保4年（1719）〜天明6年（1786））は、女形舞踊の大曲『京鹿子娘道成寺』を初演し、これを繰り返し演じて後世に大きな影響を与えた名優である。元禄の名女形・芳澤あやめの三男として大坂に生まれ、幼くして立役の中村新五郎の養子となり、大坂の振付師・中村京十郎の薫陶を受けて舞踊の技術を仕込まれた。享保16年（1731）に江戸市村座で中村富十郎を名乗って初舞台を踏み、14歳のとき大坂で「石橋」の所作事と「八百屋お七」の娘役で大当たりをとり、役者評判紀の最高位に立った。

4年前に亡くなった5代目富十郎（1929〜2011）は、昭和15年（1940）に道頓堀中座で初舞台を踏み、終戦直後最も注目された若手俳優であったが、昭和30年代以降、東京に本拠を移した。

富十郎家の屋号は天王寺屋である。

初代岩井半四郎（承応元年（1652）〜元禄12年（1699））は、温泉町の有馬で扇商の家に生まれた。立役を務めて大坂で名を上げ、元禄元年の『けいせい玉手箱』で坂田藤十郎と共に好評を得た。その翌年には座本を兼ね、元禄期大坂の名優だった嵐三右衛門と並ぶ地歩を築いた。

4代目岩井半四郎（延享4年（1747）〜寛政12年（1800））は、江戸の人形遣い・辰松重三郎の子として生まれ、2代目松本幸四郎（4代目市川團十郎）の門下となり、松本長松を名乗って初舞台を踏んだ。師匠の前名である2代目松本七蔵に改名したのち、岩井家の養子となって四世半四郎を襲名、江戸女形の家の基礎を築いた。丸顔で愛嬌があり「お多福半四郎」と呼ばれて、江戸を代表する女形として人気を誇り、3代目瀬川菊之丞と女形の両横綱と併称された。

4代目片岡愛之助（明治14年（1881）〜昭和2年（1927））は、明治初期の大阪の名優である中村宗十郎の門下に入り、その養子・中村霞仙の弟子となって中村霞香と名乗った。明治36年（1903）に霞線が没した後、明治40年（1907）1月、11代目片岡仁左衛門襲名興行に加わり、4代目愛之助を襲名。姫・娘・遊女から女房役、立役も務めた。趣味の川柳を通して、川柳家の岸本水府や初代鴈治郎の座付作家を務めた劇作家の食満南北など大阪の文化人との親交が広く、後援雑誌『あいのすけ』が出されていた。

すっかり人気者となった現在の愛之助（昭和47年（1972）〜）は現・片岡秀太郎の養子で、6代目となる。

〈天川屋利兵衛・大高源吾の墓〉

赤穂浪士の討ち入りが成功した裏には多くの協力者がいたとされる。討ち入りに必要な武器一式を取り揃えたとされる天野屋利兵衛は、芝居や映画では、武器を鍛冶屋に発注した折、不審に思った鍛冶屋が奉行所に密告したため捕えられ、厳しい拷問に遭いながらも「天野屋利兵衛は男でござる」と啖呵を切って白状しないのが名場面となっているが（『仮名手本忠臣蔵』では天河屋義平の名で登場）、これは作り話で、芝居が作り出した非実在の人物というのが定説だ。ただし、利兵衛のモデルになったと言われる人の墓が浪士・大高源吾の墓のある薬王寺に存在する。この人物は大坂・内淡路町の商人で、生前には天川屋利兵衛と名乗り（天川屋は代々、町年寄を勤める名士であった）、享保3年（1718）に亡くなっている。彼の生きた時代が赤穂事件の時代と重なることからモデルとされたのかも知れず、『仮名手本忠臣蔵』を初演した竹本座のスポンサーだったことから自分の登場を売り込んだとの話もあるが、真偽は定かでない。

図Ⅶ・2　2代目中村梅玉の像
（写真提供：河内厚郎）

梅玉と延若

中村梅玉家の墓がある妙徳寺（日蓮宗）には、現・4代目梅玉（昭和21年（1946）～）が大阪公演の折、夫人が訪れると聞く（梅玉夫人は文豪・武者小路実篤の孫）。

梅玉という名は、3代目中村歌右衛門の俳名であった。これが初代で、2代目は天保12年（1841）に生まれ、明治40年（1907）に梅玉を襲名。女形と立役を兼ねた重厚な芸風で、日蓮上人の役で登場すると観客がお題目を唱えたという。晩年は初代鴈治郎一座の重鎮となり、大正10年（1921）に没した。贔屓の寄進した像が薬王寺の境内に建つ（図Ⅶ・2）。

3代目梅玉は明治8年（1875）生まれ。

2代目の養子となり、昭和10年（1935）道頓堀・中座で梅玉を襲名した。美しく気品があり芯の強さを秘めた芸風で、初代中村鴈治郎の相手役を長年務めた。鴈治郎没後は6代目尾上菊五郎や初代中村右吉衛門ら東京の名優たちの相手役も務め、東西の歌舞伎界を代表する女形となり、芸術院会員に推された。昭和23年（1948）、芦屋の自宅で死去。

圓妙寺（日蓮宗）には実川延若家の墓がある。

近代の上方歌舞伎で片岡仁左衛門・中村鴈治郎と並ぶ大名跡となった実川延若の名は、もとは実川額十郎の俳名で、幕末随一の和事師だった2代目額十郎の門弟が延若を名乗った。この初代延若（1831〜85）は和事を得意としたが、道化とエロチズムを特徴とした。

2代目（1877〜1951）を襲名した初代の長男は、上方和事の本道を守り、技芸抜群で、最晩年に大阪と東京で演じた『楼門五山桐』の石川五右衛門は「錦絵さながら」と絶賛され、映画や切手にも登場。芸術院全員に推された。

2代目の長男である3代目延若（1921〜91）は、舞踊やケレンに長じ、古風な顔立ちと老若男女いずれも自在の多彩な芸で東西の舞台に活躍したが、後継者を残せず、実川延若の名跡は空席のままとなっている。

大阪にルーツを持つ江戸歌舞伎

正法寺（日蓮宗）には、初代と三世の中村歌右衛門、三世中村芝翫、初代芳澤あやめ、二世中村富十郎、そして雁金文七・極印千右衛門の墓がある。

初代中村歌右衛門（正徳4年（1714）～寛政3年（1791））は金沢に生まれた。屋号は加賀屋。17歳のとき敵役の中村源左衛門に入門、中村歌之助と名乗った。地方回りで修行し、敵役として名を上げ、寛保2年（1742）に中村歌右衛門と名を改名、大芝居で活躍するようになった。宝暦7年（1757）に江戸へ下り、4代目市川團十郎と人気を競った。謀反人や国崩しなどの実悪・敵役に本領を発揮、男性的でスケールの大きい人物像を創造した。眼が大きく鼻の高い立派な容貌で、大きな芸容と男の色気があり、悪を演じても品があった。

3代目中村歌右衛門（安永7年（1778）～天保9年（1838））は、初代の子で、7歳で大坂の子供芝居に出て好評を得た。寛政元年（1789）に加賀屋福之助の名で初舞台を踏み、寛政3年（1791）に3代目歌右衛門を襲名。江戸へ三度下り、3代目坂東三津五郎や5代目松本幸四郎と芸を競った。美男ではなかったが技芸抜群で幅広い役柄をこなし、番付に「兼ねる」の称号を与えられた。映画や芝居になった『男の花道』の主人公である。俳名は芝翫、梅玉。文化10年（1813）、心斎橋で小間物店「加賀屋」を始め、後に店名を「芝翫香」と改め、宝飾品店として今日に至る。昭和49年（1974）、同社が事務局となって「中村芝翫友の会」が発足、平成5年（1993）に「中村芝翫後援会」となった。平成25年（2013）、創業200年を迎えたが、心斎橋筋から御堂筋へ店は移った。

初代芳澤あやめ（延宝元年（1673）～享保14年（1729））は、元禄期に女形の芸を確立した名優である。紀州の中津村に生まれ（同地に記念館がある）、5歳のとき父を亡くし、道頓堀の芝居小屋で色子として抱えられ吉澤綾之助を名乗った。当初は三味線を仕込まれたが、のち口上の名手・水島四郎兵衛方に身を置き、初代嵐三右衛門の取立てで若衆方として舞台を踏み、元禄5年（1692）に太夫の号を取得して芳澤菊之丞と改名した。元禄11年（1698）に『傾城浅間嶽』の傾城三浦役を好演して人気を博し、役者評判記で高い評価を受けた。その後、立役に転じたが、不評で女形に戻った頃、芳澤あやめを名乗ったと言われる。ライバルの女形・水木辰之助は派手な所作事で人気を博したが、あやめはしっとりとしたせりふ劇で実力を付けていった。女形というものは美しいだけでなく、男に尽くす貞女の真心が表現されなければならず、しかも若くなければならないと主張した。あやめによって確立された役柄「若女形」は、三男の初代中村富十郎（1719～86）が継承することとなる。

2代目中村富十郎（天明6年（1786）～安政2年（1855））は、子供芝居で修行した後、3代目歌右衛門の門下となり、江戸に下って実力を付け、大坂に帰って女形の頂点に立った。容貌に恵まれ、地芸も所作事も良く、天保4年（1833）、47年間の空白を経て富十郎の名跡を復活させ、2代目を襲名した。

〈雁金文七・極印千右衛門の墓〉

元禄15年（1702）、千日前の刑場で雁金文七と弟分の極印ら4名が処刑され首が晒された。これが歌舞伎や人形浄瑠璃や講釈で「浪花五人男」と呼ばれるようになったことにヒントを得て、江戸歌舞伎の「白浪五人男」がつくられたという。

江戸歌舞伎のヒーローといえば「助六」にとどめをさすが、その原型も実は大坂にある。元禄12年（1699）の歳末、新町扇屋の遊女揚巻と万屋助六が千日寺で心中し、これが翌年には人形浄瑠璃に仕組まれ、宝永3年（1706）までに浄瑠璃・歌舞伎にいくつも脚色された。

正徳3年（1713）3月、江戸・山村座で2代目市川團十郎が『花館愛護桜』の2番目に揚巻の助六を演じたことで、荒事ふうの任客物としての姿を見せ、3年後の『式例和曽我』で助六実八曽我五郎となって曽我物と結び付き、さらに和事ふうの演出が加わって、享保18年（1733）に市村竹之丞が河東節の「所縁江戸桜」を上演した。

大坂の心中物の系列としては、明和5年（1768）12月に菅専助の浄瑠璃『紙子仕立両面鏡』を大坂・豊竹此吉座が上演し、「大文学屋の段」の成功によって今日に伝わった。これを歌舞伎化し、助右衛門と権八の二役で成功を収めたのが11代目片岡仁左衛門で、その子の13代目も演じたが、さわやかな芸風の現15代目は江戸の助六を演じている。

鴈治郎の復活

常國寺（日蓮宗）には、明治・大正・昭和の3代にわたり関西劇界に君臨して「大阪の顔」と謳われた初代中村鴈治郎や、その父の3代目中村翫雀《かんじゃく》、小説家・梶井基次郎らの墓がある（図Ⅶ・3）。

初代中村鴈治郎（安政7年（1860）～昭和10年（1935））は、上方の和事を象徴する演目として名高い『廓文章』「吉田屋」のヒロイン、夕霧太夫の抱え主だった大坂新町の扇屋に生まれた。父は扇屋の入り婿だったが、のちに扇屋を出て役者となる。この3代目中村翫雀の息子、扇屋玉太郎は、文楽の人形遣いなど様々な仕事に従事したが、明治7年（1874）に初代実川延若の門弟となって実川鴈二郎を名乗り、役者として初舞台を踏んだ。わずかの間に異例の出世を遂げ、明治11年（1

図Ⅶ・３　初代鴈治郎（左）と３代目中村翫雀の墓
（写真提供：河内厚郎）

878）に実父と対面して後嗣となり、中村姓を継承、ここに中村鴈治郎の名跡が誕生する（父子の出会いは溝口健二監督の映画『芸道一代男』に描かれた）。

道頓堀の中座を本拠とした鴈治郎は、秀麗な容姿と堂々たる押し出しに恵まれ、はなやかで柔らかみのある芸風により、名実ともに大阪随一の花形役者となった。和事を本領とし、『心中天網島』の紙屋治兵衛は「頬冠りの中に日本一の顔」と川柳にも謳われて、昭和10年（1935）に歿するまで関西歌舞伎界の王者として君臨した。新派劇や新聞小説の脚色物にも積極的に取り組む進取の気質により、伝統的な和事の役々にも独自の演出を考案。和事芸を応用した新作物も数多く世に送った。それらの当たり役は『玩辞楼十二曲』（「玩辞楼」は山県有朋の命名した雅号）として集成された。

正妻に四男五女があり、庶子に4代目中村富十郎と結婚した女優の中村芳子（現・2代目中村亀鶴の祖母）がいる。二男と四男は早世し、長男は和事に古風な味を見せ舞踊も得意としたが、病弱のため鴈治郎を継がず、扇屋の祖先の名である林又一郎を2代目として名乗った。その息子の林敏夫は戦死。女優北見禮子との間にもうけたのが現・林与一である。昭和を代表する二枚目俳優で、初代鴈治郎の色気ある眼遣いを継承したとされる長谷川一夫（1908～84）は初代鴈治郎の娘（五女・たみ）婿に当たる。

2代目鴈治郎となった初代の三男は、一時は松竹を離れ映画界で活躍した。その息子の3代目鴈治郎（現・坂田藤十郎）は、昭和16年（1941）、中村扇雀の名で道頓堀の角座において初舞台を踏み、昭和28年（1953）の『曽根崎心中』天満屋お初の役でスターとなった。その息子が現在の翫雀・扇雀である。初代鴈治郎が眠る常国寺の近くに曾孫の翫雀が大阪での住まいを構えるのは、父祖の地を大切にしたいとの思い故であろう。このほど翫雀がめでたく4代目鴈治郎を襲名することになり、今年（2015）の1～2月、大阪松竹座で襲名披露興行が行われている。襲名披露の演目には、初代が生まれた新町を舞台にした「吉田屋」や「封印切」が選ばれた。

その一方、昨年の3～4月東京歌舞伎座、7月大阪松竹座で7代目中村歌右衛門の襲名披露を行う予定だった女形の中村福助が、脳内出血による筋力低下で休演となり、襲名が延期されたままなのは悲劇である。

歌右衛門という女形の大名跡が東京の歌舞伎界に君臨するようになったのは、5代目（1866〜1940）からのことだ。立女形の風格をそなえた5代目歌右衛門は、淀君（淀殿）の役をよく演じたことから「淀君役者」とも呼ばれた。名優・3代目歌右衛門（1778〜1838）の没後100年に当たる昭和13年（1938）、道頓堀の中座で追善興行が行われ、5代目歌右衛門やその孫に当たる7代目中村芝翫（2011年死去、現福助・橋之助の父）が参加している。

4代目中村歌右衛門（寛政10年（1798）〜嘉永5年（1852））は江戸に生まれた。初代藤間勘十郎の養子となって踊りを修行したが、3代目歌右衛門が江戸に下ったとき門弟となり、中村藤太郎を名乗った。文化9年（1812）に師を追って大坂へ行き、文政8年（1828）に2代目中村芝翫を襲名。江戸に帰って4代目坂東三津五郎と人気を競った。天保7年（1836）に道頓堀・角の芝居（のちの角座）で4代目歌右衛門を襲名。2年後に江戸へ下り、江戸を代表する名優となった。容姿は立派で押し出しがきき、芸域の広さは師を上回り、時代物と舞踊を得意とした。

この4代目（通称「翫雀歌右衛門」）は、翫雀を芸名としては使っていないが、現在ではこれを翫雀の初代とする。2代目はその養子で、翫雀歌右衛門の遺言により、その歿後に養子に入ったという。以後は上方の舞台で活躍し、とりわけ和事を得意としたが、30歳前に夭逝した。3代目翫雀も続いて成駒屋の養子となった人で、やはり4代目歌右衛門歿後の縁組である。実父は淀藩の与力と伝えられ、

2代目嵐璃珏《りかく》の門下となって珏蔵を名乗った。大坂・新町の名高い妓楼、扇屋の娘と結ばれて生まれたのが先述の林玉太郎、のちの初代鴈治郎である。珏蔵は扇屋を出て舞台に復帰し、翫雀を相続。明治前期の上方を代表する存在となり東京でも活躍したが、明治14年(1881)、40歳そこそこで歿。本領は和事や女方であった。

若太夫の眠る本経寺

中寺町の本経寺(法華宗・本門流)には豊竹若太夫の墓がある。竹本義太夫と並んで活躍した浄瑠璃の豊竹若太夫(天和元年(1681)~明和元年(1764))は、大坂に生まれ、義太夫の門人となり、17歳で初舞台を踏んだ。元禄16年(1703)、竹本座の東側に豊竹座を創始したときから豊竹若太夫を名乗り、興行主・小屋主・太夫を兼ねた。美声を活かした華麗な節回しで、豊竹座(東風)は竹本座(西風)のライバルとなった。

『大阪伝承地誌集成』によれば、『曽根崎心中』(作・近松門左衛門)の主人公であるお初は、天満屋の遊女で、天満屋が中寺町の久成寺(本門法華宗)の檀家であった関係から久成寺に墓が建てられたとしている。お初の300回忌に当たる平成14年(2002)、当寺の住職が再建した墓には戒名「妙法妙力信女」が刻まれ、右面には「元禄十六（1703）年四月七日寂　曽根崎心中お初の墓」と刻まれている。天満屋の遊女某がお初を慕って墓前で自殺を図り住職に助けられたとの伝承もあるという。

夕霧太夫の墓所

先ほどから幾度も名の出ている、上方歌舞伎の代表的ヒロイン、扇屋夕霧の墓について最後にふれておこう。中寺町から千日前通りをはさんで南に位置する、下寺町の浄国寺に夕霧の墓はある。夕霧は新町扇屋四郎兵衛の抱えの太夫で、近松門左衛門の『夕霧名残りの正月』をはじめ『夕霧七年忌』『夕霧阿波鳴渡』『廓文章』など数々の作品に取り上げられ、井原西鶴の『好色一代男』などにも登場する。延宝6年（1678）正月に27歳の若さで没した。

昨年は大阪の歌舞伎界にとって波乱含みの年となった。容姿に恵まれ、将来を嘱望されていた坂東薪車が芸養父の坂東竹三郎から破門され、結局、市川海老蔵の一門に入り、その名も市川道行と改め、さらに4代目市川九團次を襲名したのである。せっかく大阪が育てた人材がまたしても東京へさらわれる結末となった。

Ⅷ

上町学から北摂学へ

以下は、平成20年（２００８）12月から開始され、平成26年（２０１４）３月に終了した上町学プロジェクトを総括するとともに今後の展望を探るために、平成26年５月28日に追手門学院大阪城スクエアにて開催された座談会を収録したものです。参加者は、上町学プロジェクト委員５名と河合博司・追手門学院大学地域文化創造機構長。

（司　会）
中嶋　昌彌　　追手門学院大学社会学部教授

（出席者）
河内　厚郎　　「上町学プロジェクト」座長、関西経済同友会幹事
斉藤　行巨　　関西経済同友会常任幹事・事務局長
山本　博史　　追手門学院大学社会学部教授
亀井　哲夫　　追手門学院大手前中・高等学校元校長
河合　博司　　追手門学院大学地域文化創造機構 機構長

▼座談会　上町学から北摂学へ

上町学を始めた経緯

中嶋　上町学プロジェクトが発足した平成20年（2008）冬頃から、足掛け5年ほど経ちまして、いったん終了ということになりました。

正面切って上町学という名前を付けて始めたのは、たぶん初めてのことだろうと思います。追手門学院としてもこういう事業を行ったのは初めてのことでしたが、実は平成18年（2006）頃、大阪城の近くに追手門学院の前身である偕行社が開校してから120周年になるのを記念して「大阪城プロジェクト」という事業をやりました。その一つとして、学院がこの地に生まれたことを位置付けるために、大阪城の生き物を調査しようと、亀井さんを中心にやってきました。のちに出版もされましたが、あまりいままでにない企画でした。

亀井　せっかく学校のすぐ近くに大阪城という緑豊かな環境があるのに、そこに棲息する鳥や魚や昆虫、植物とかの調査研究が本格的にされてなかったんです。追手門学院は文系の大学なので「できるのかな?」と心配もされましたけど、いろいろな先生方の集まりがあり、虫も鳥もカバーできるというので、本格的な総合調査をしました。東京には皇居があるように、大都市の中における自然環境、緑の質はどういうものかを調べてみようというのが一番のテーマで、その手掛かりに大阪城の調査をやろうということでした。

もう一つ。追手門という名前が大阪城とどういう関係があるのか。もともと平安時代の終わり頃に武士が台頭してくる中で、敵を背後から攻める「搦め手」に対し、正面から攻める「追手」という言葉がありました。それが時代が変わるにつれ、追いかける手よりも大きな手のほうが字のイメージが良いというので「大手」となるのですが、「大手」はもともと城郭だったときの位置を示すもので、「追手」は敵を正面から攻めるというベクトルがあるので、大手よりも追手のほうが行動する追手門学院のルーツを考えるのによいのではないかという意識が、大阪城プロジェクトをきっかけにして出てきました。

その関係で上町学にもつながりましたし、我々が関係している大阪市の「上町台地マイルドHOPEゾーン協議会」でも、寺町近くの斜面緑地の植生と昆虫の調査を大阪市の委託を受けてやりました。大阪城のプロジェクトから、上町台地における緑の調査も併せてやれたということです。

中嶋　平成20年（2008）の4月に大阪城スクエアができまして、ちょうどその秋に大阪城プロジェクトを受けて上町学プロジェクトが発足しました。この場所から大阪城とOBP（大阪ビジネスパーク）のビル群が見えて、その向こうに生駒が見えるというような眺めを私も初めて体験したわけで、追手門学院にとっても良かったと思います。

120周年をきっかけに、大阪という地域に対する学問的・文化的貢献が大事だということになり、大阪城プロジェクトを引き継いで上町学プロジェクトをやることになりましたが、直接のきっかけになったのは関西経済同友会の「美しい大阪づくり委員会」の活動報告「『古都おおさか』の再生をめざして」でした。同友会の幹事である河内さんと帯野久美子さん（上町学プロジェクト委員）が報告をまとめられたんですが、面白い報告だったと思います。

「古都おおさか」について河内さんはいろいろなところで書いておられますね。古都というのは奈良や京都や鎌倉のイメージなのに、なぜ大阪なのか？　河内さんの日頃からの説ですが、大阪の都市戦略はイメージづくりが間違っていたということですね。

河内　一番よく使われてきた大阪の謳い文句は「天下の台所」ですが、この言葉は江戸時代に使われていなかったことが判明したんですよ。思い込みというのは当てになりません。水野忠邦の天保の改革の折の反論書に「台所」と一言出てはきますが、「天下の台所」というのは、大正時代、大阪市史編纂に関わった幸田行友が使ったのが初見でした。当時は第一次大戦の余波で日本は景気が良く、とりわけ大阪は経済的に繁栄して膨張していくせいか、物流基地・経済都市を意味する「天下の台所」をアイデンティティのようにしてしまい、いつしか江戸時代からそう呼ばれていたと錯覚するようになってしまいました。

もう一つの「東洋のマンチェスター」は工業都市を自負するキャッチフレーズですよね。工業も一時は大飛躍したけれども、産業構造が変化していくなら、いつまでも使えない文句です。現に本家のマンチェスターは衰退していきました。

つまり、商都としての天下の台所であろうが、工業地としての東洋のマンチェスターであろうが、産業構造というのは変化していくのだから永遠に使えるわけではない。ところが絶対に変わらないものがある。古代からの大阪の歴史ですよ。これは時代によって変遷する産業ではなく、足元に蓄積されたコンテンツそのものですから。

ある時代のある産業構造を都市のアイディンティティにしてアピールするのは得策ではありません。それよりは、「古都おおさか」をどかーんと真ん中に据えて、その上に商業が栄えた時代もあれば工業が栄えた時代もあったとした方がよい。実はお隣の京都は、商業都市でも工業都市でもあるにもかかわらず、商都や工都を謳わず、あくまでも文化都市・古都としてのステータスを売り切ることで企業や商店のブランドイメージを上げ、結果的に経済的にもプラスとなっているわけです。大阪もそういう作戦を取った方が賢明だったということですね。

その場合、古都おおさかというのは一体どこがコアなのかといったら、キタやミナミ、船場や島之内より上町台地だということになります。実際ストックがたくさん残っているわけですから、これを押し出さない手はない。産業構造が大きく変わっていくいまのようなときこそ、歴史の原点に立ち還って、ここ上町台地から歴史都市大阪の全体像を見直してみたいとの思いで上町学を始めました。

中嶋　近世には江戸・京都・大阪の三都比較論があり、現代では関西大都市圏の中に大阪・神戸・京都という三都――これだけ大きい都市が通勤圏に三つあるというのは珍しいですよね。その中で大阪は商いの町とイメージ的には言われてきました。

河内　結果として各々のカラーが出るのはともかく、無条件の前提のごとく一つのカラーを押し出してしまうのはいかがなものか。「ビジネスは大阪で、観光は京都で」とか言っていたら、いつのまにかビジネスまで京都の企業が優勢になっている。都市間で役割分担して棲み分けられるような単純なものではない。大都市同士というのは、7~8割は共通のストックがあり、その上に微妙に差異が付くだけでも相当違うように見えてくるものです。神戸は、昭和10年頃、谷崎潤一郎の『細雪』に描かれた時代のちょっと前くらいが、最も都市景観が美しかったと言われているんですよ。その時代の神戸の写真を見るに、9割以上は日本家屋、ほとんどの女性が着物を着ています。そんな中に異人館や洋装がキラッと光っているわけですよ。エキゾチックな町とか言ったって、全部を異人館にしてしまったらアホみたいな町になります。大阪も商いの町や庶民の町といった紋切り型イメージを先行させていたら、センター的な都市機能を果たせなくなるでしょう。

中嶋　大阪は、梅田を中心にしたキタ、難波を中心にしたミナミという分け方をして、上町台地のことは言われてこなかったということがあります。上町台地というのは一続きの丘陵地域なわけですが、そういうイメージをあまり持たれていません。

河内　近代に都市間鉄道が発達していく過程で、私鉄ターミナルが町の顔となっていき、キタとミナミが前面に出て、上町台地は見えにくくなりましたね。

「あるもの」探しを

中嶋　大阪の地盤沈下に対応して同友会さんは文化政策を打ち出しておられます。

斉藤　地盤沈下の原因は一言では言えないんですけれども、私たちが取り組んでいるのは中央集権化による弊害の打破です。分権社会をつくることがすべての根底になります。

文化の側面を見ても、メディアが新聞もテレビも出版も東京に一極集中して、言葉自体が東京弁というようになってしまい、文化が画一的になってしまっています。

中嶋　文化が中央集権化してメディアが中央に片寄ると、地域文化も画一化・均一化していきますよね。

斉藤　我々は4月1日に「アーツサポート関西」という民間組織による文化振興の組織をつくりました。5月8日にファンドレイジングパーティーを開いたところ、1650人の参加者を得て、1枚1万円のチケットが2245枚売れました。オークションが315万円、コストが990万円、収益が

1570万円。これを全額、アーツサポート関西に寄付します。

上町台地の地名に由来するタニマチというパトロンを意味する言葉があるように、かつての大阪は文化のタニマチが育っていきました。その機能が経済力の低下と共に年々落ちてきた。かつては企業のタニマチが多かったわけですね。その企業が衰退するに従ってタニマチ度も薄くなっているので、個人から薄く広くという基本的な考え方をアーツサポート関西では取っていまして、「ひとり一枚でもよいから買ってください」と、いろいろ集めた額です。サントリー・ホールディングスの鳥井信吾副社長や河内さんのお力とか、今回のパーティーをリードしてくださった毎日放送最高顧問の山本雅弘さん、がんこフードサービスの志賀茂副会長たちを配し、みんなで手分けして売りまくりました。

一人ひとりが心の底からなんとかしようという気持ちがなければ文化も盛り上がらない。上町学というのも、大阪人のふるさとみたいな形で一人ひとりが認識して取り組むものではなかろうか。自分の親戚や友人、大阪を訪れてくれた人たちに「古都おおさか」をきちんと教えられる素養を持たなければならないと思います。

中嶋 地方ですと各市町村の祭が慣習・しきたりとしてあるけれど、都会の文化には新しい形が必要です。単に文化財保護や世界遺産とか言うだけでなく、そこに住む人がそれぞれの地域についての素養を子ども時代から積むということは、我々教育界にとっても大事なことです。追手門学院の地域文化創造機構にもそういう趣旨があると思います。

河合　上町学を地域学の範疇でくくるとすれば、地域学というネーミングの広がりは、ここ20数年ぐらいのことでしょうか。

発祥の一つはたぶん水俣です。水俣が世界に冠たるＭＩＮＡＭＡＴＡとローマ字で呼ばれる時代からどう脱却し、内なるものからどうやって再生していくかという転換点を１９８０年代に迎えた中で、「水俣学」なるものが開始されました。それは、いま流行の「絆」という意味で「もやいなおし」と水俣地域の方言で呼ぶのですが、それが全国に広がっていき、震災前には「山形学」や「東北学」などがかなり広がっていました。北海道でいうと栗山学だとか下川学だとか市町村単位でも広がっていきました。また、大学が主体となる取り組みとしては、鹿児島大学の「鹿児島学」や大学コンソーシアム京都の「京都学」などが先行事例です。

水俣学が出したキーワード「もやいなおし」のポイントは、「ないもの」ねだりではなく「あるもの」探しをしようということでした。水俣病の中で絆がバラバラにされて、企業城下町でチッソがこけたら水俣もこけるという形になり、レッテルを貼られて婚約も破談になるし、修学旅行に行こうと思っても駄目になる。そんなどん底から見て、どこから再生するかという議論の中で、あるもの探しをしようじゃないかというのが始まりだったと僕は理解しています。

河内先生の話とつながりますけれど、既にあるものを我々は見失っているのではないか。大阪も、ないものを言うんじゃなしに、あるものを探してみようじゃないか。これは都市にも農村にも通じる、地域に着目する考え方ではないかなと考えます。

歴史都市・大阪の原点

中嶋　河内さんの言葉を借りますと、上町台地は宝の山なのに大阪の人はそれを知らない。上町台地の魅力、面白さ、大切さは伝わりにくいのでしょうか。大阪の原点が上町だという話をお聞きしましょう。

河内　大昔、上町台地のすぐ西側は海で、東側も内海で、その間に突き出した岬が上町台地でした。ここしか土地がなかったわけですから、大阪の発祥の地が上町台地であることは疑いありません。

ここには、大阪最古というにとどまらず「日本最古」が実に多いのです。日本最古の官寺は四天王寺。最古の官道（国道）は難波大道。最古の橋は鶴橋（江戸時代以前は猪甘津橋と呼ばれました）。日本最古の企業「金剛組」は世界最古でもあります。

日本最古の国道である難波大道が通ったのが推古天皇の21年（613）のことですから、ちょうど去年（2013）が1400年。時期的なタイミングからして上町台地を見直す好機なんですよ。

平成5年（1993）の四天王寺創建1400年をもっと盛り上げるべきだったという声がありまして、あのとき、京都の1200年、奈良の1300年に対し、大阪は1400年をアピールできたはずなんです。

その1993年に難波宮の朱雀門の遺構が出土しました。その後も発掘が続けられ、難波宮の全容がかなり見えてきました。大坂城と難波宮を併せれば、日本の都市遺跡として最も古く大きなものが見えてきます。

聖地としての上町台地

亀井　平安末期になると浄土信仰が出てきますが、大阪湾に西方浄土を見るという考え方の根底には八十島の祭があります。天皇が一代で必ず行う、大嘗祭の翌年の八十島祭のイメージが、皇室なり貴族には強烈にあったんじゃないですかね。八十島は大八島の語源ですからね。

そんな上町台地なり大阪が持っているポテンシャルが、大阪の中で伝わり、外へも発信できる方法があればよいなと思います。

河内　平安末期から中世にかけての上町台地は宗教都市でした。これもあまり指摘されてこなかった大阪の重要な側面です。

中嶋　住吉さん、高津、生玉さん、四天王寺とかは伊勢神宮や出雲大社と比べても遜色がない。ここは古代日本の原点です。中世は浄土信仰の聖地でしたし。

河内　日想観ですね。

中嶋　それが蓮如の浄土真宗とつながるのか――

河内　直接の関係はないとしても、蓮如は四天王寺の存在を意識して大坂へ来ました。

亀井　浄土教も浄土真宗も阿弥陀信仰だから。

中嶋　海が見えるという、この台地でないと。

河合　大阪湾が見えて感動的だったんでしょうね。かなり凄かったんじゃないですか。

山本　夕日が沈んでいくときに光の道ができて、それが最後に消えていき、これが彼岸へ行くんだなと思っていたら、実はそうではなくて、上の光と下の光が鼓の形に見えて、それが仏に見えるんだと、詩人の佐々木幹郎さんが言っていました。折口信夫の『死者の書』の中に登場する話も同じですね。光が消えていくという発想ではないことを初めて知りました。

中嶋　五木寛之が言っているように、大阪の一番の官道は御堂筋です。北御堂・南御堂の御堂で、浄土真宗ですけれど、そんな宗教街道の名前を積極的にメインストリートの名前にしていることもうまく絡めて上町台地の歴史を発信できればね。

上町再発見ウォーキングで歩きましたけれど、中寺町とか、お寺がすごく多いですよね。秀吉が都市計画の中で移したのもありますが、お寺の数としたら全国一。いろいろな宗派があります。

一つの性格付けとして、古代・中世・近代――それぞれに聖地としての上町台地みたいなものを感じます。上田篤さんだったか、帝塚山古墳群とかはピラミッドにも匹敵する、王家の谷に対し王家の聖地だと言っておられました。

山本　岬状の先端にあることの力みたいなものが上町台地にはあるというか——。国生み神話というのは、上町台地から大阪湾を見た情景から生まれたもので、そういう意味では日本の原点でもある。そういう文脈を使って聖地と言っているんでしょうけれど、いままでの話を聞いていて若干疑問に思うところもあります。

上町台地は、東のほうに向かってはなだらかで、西の海のほうに向かっては急斜面です。台地の形もわりとなだらかなイメージがありますけど、平成22年（２０１０）に大阪歴史博物館でシンポジウムがあったときにＧＩＳを使って復元した画像を見ると、難波宮から南進していく形で朱雀大路があり、それが難波大道につながると言うんですが、実は谷があるんですよ。細工谷あたりの谷は平安時代ぐらいまで埋められていないので、難波大道が本当にその時代にあったのかという疑問が出てくる。出土品から見ても平安時代頃のようです。

亀井　秀吉の時代に大坂城の堀割を造りますが、地理学者が言うには、自然の谷を見事に利用しているらしい。平面に造っていると思われているけど、実は谷を利用していたと。

山本　難波大道の調査で今池遺跡に行ったときにもらった地図を見ると、難波宮から南進して今池のところまで行き、平城京まで通って行く形が完成するのはもっと後のことだろうと。

河内　難波大道はもともと難波宮の朱雀門から出ていたわけではなく、難波宮ができる前に敷かれました。たぶん四天王寺の南ぐらいから近つ飛鳥（河内飛鳥）へ向かったのでしょう。

物語の再創造

中嶋　上町学でやったことの中で大きいのは新作狂言『おさか』でした。

河内　大阪の歴史は秀吉以後のイメージに片寄って論じられてきました。その前代の大坂本願寺や蓮如上人にしても、これはもう相当大きな歴史的素材なのに、物語や芸能に仕立てられてこなかった。「おおさか」という地名は、いつからあったのか。蓮如上人の故事「おさか」からですよ。それなら、その故事を活かした新作をつくってみようと。

中嶋　『おさか』は、追手門学院の小学校で善竹一門により演じられ、大槻能楽堂で再演されましたが、でき具合はどうですか。

河内　まだ微修正が要るとは思いますが、再演を重ねるに十分値すると思います。

中嶋　善竹隆司さんは手塚治虫の『ブラックジャック』を新作狂言に採り入れられていますね。伝統を守ることも必要だけど、不易と流行の部分もある。

河内　歌舞伎で上演されている舞踊劇の多くは、昔からあるネタをリニューアルして明治以降にできたものです。世間が思っているより初演は新しく、近代にたくさんつくっているんですね。歌舞伎も生き残っていくために意識的にそういうことをやりました。

中嶋　円朝の怪談話もそうですね。

河内　19世紀から江戸東京初演の歌舞伎の演目がどっと増えますが、18世紀は大坂で生まれた作品が圧倒的に多かった。それなら大阪も新しい古典劇をつくっていけばよい。

ただ、スーパー歌舞伎みたいなものにはしたくなかった。古典的な様式を守りながら新しい解釈を施したものをつくってみたかったんです。それも太閤や天下の台所といった紋切型イメージの大阪ではなく、メジャーな歴史を秘めているのになぜか世間がピンと来ていない大坂本願寺を取り上げてみようと考えました。

中嶋　狂言は能とセットで上演されますが、狂言だけを上演する面白み、おかしみというのがありますね。作品としても短いし。

河内　狂言は言葉がわかりやすいので古典になじみのない人にも見てもらいやすいのですが、新作に狂言を選んだ一番の理由はお金が掛からないことです（笑）。能のように豪華な衣装をまとうわけでなし。落語と同じく風景も見立てでいくから舞台装置も要りません。

山本　明治期の天覧能の資料を調べていると、能舞台は今橋とか大阪にいくつかあったみたいです。それが衰退していき、伊丹の小西酒造が力を入れて復興していくんですね。

河内　昭和のある時期まで船場の旦那衆にとって謡は大切な素養でした。

中嶋　元禄期に上方歌舞伎や人形浄瑠璃（文楽）が生まれたように、大阪は高い文化芸術を生み出してきたわけですよね。そういうことを僕らは歴史で学ぶけど、さっきの御堂と同じで、文化的な地層としてはいまも連綿と続いているものがある。大阪には底力があると僕は思っています。

河内　大阪の能や狂言をマスコミはろくに紹介してくれないのに、これだけいまも残っているのですからね。

中嶋　このプロジェクトでは新作狂言と創作舞を創りましたが、やる気さえあればそれほど難しいことではない。各地域で歴史を題材にして文化をプロデュースしたり、各学校や職場でも作品を創り上げていく能力はあると思うんです。

河内　有栖川有栖さんが法円坂にお住まいなので、上町台地を舞台に書いてほしいとお願いしたら、小説というのはそんなふうに都合よく書けるもんじゃない、まず作家の内面的動機があって書き始めるもので、結果としてそこが舞台になることはありうるけど、とおっしゃっていたけれど、最近結構上町台地を作品の舞台とされるようになりました。

中嶋　昨年（２０１３）、追手門学院大学地域文化創造機構で、『茨木童子』をテーマにした新作狂言を真宗大谷派茨木別院でやりました。茨木市文化振興財団との連携もありましたが、結構評価されて、面白かった。

河合　僕が追手門学院大学へ寄せてもらった去年（２０１３）の4月は既にその企画が進行中だったので、きっかけとかよく知らないんですけど、『おさか』と基本的には同じような発想ですよね。『おさか』は大坂本願寺を基にしてその歴史を現代によみがえらせるという企画でしたが、『茨木童子』は嫌われものの伝説の鬼を現代にどうやってシンボルに戻せるかですよね。いまはゆるキャラブームですが、そういう流れがあるときは逆らったほうがよいのではというのが僕の発想です。流れに乗るのは一見よさそうに見えるけど、その流れに逆らっているものを掴み出す作業のほうが実は長続きしてサスティナブルだということは、地域づくりをするとき常に思っています。ゆるキャラブームの中では茨木童子は「悪（敵《ワル》）」キャラで、それを茨木の中に定着するような試みをしたらというのが、引き継いだときの僕の発想でした。そのためには、専門家が演じるプロの質はもちろん大事だけれど、同時に子どもたちや市民がそこにどうやって関わっていけるかということも大切にしたいと考えました。

河内先生のおっしゃっている蓮如上人の「おさか」の話だとか、大坂という地名がなぜ歴史から消されてきたかという話だとか、国体の名称案もいろいろあって本当はもう一つ良いのがあったけど「なみはや」ならいけるからこれにしたとか——どれも凄い話ばかりです。これらを持続化させ、浮上させるような力を僕らはどこで見つけ出すのか。

近代から現代へとつながる話でいくと、戦前の闢一《せきはじめ》をどう評価するかが、現代から未来へ向けての大阪を考えるのに欠かせないと僕は思っています。

先駆者・關一

河合　關一の前の市長だった池上四郎は警察官僚の出身でした。当時の大阪は治安が悪く、特に南のほうの治安が悪くて。というのも人口大膨張都市でしたから。東京は首都なので徹底的に治安対策をやりましたが、大阪の場合は弱かったと思うんですよ。内務省からすると、なんとか大阪の治安を良くせなあかんということで、辣腕を買われた池上四郎が市長になり、一定の治安対策をやりますが、彼の偉い点は「俺は治安対策はできるけれども、その上に立った次の大阪をどう再生創造するかという力はない」。そういう人物が次の市長に必要だと自覚しているんですね。

それで京大の戸田海市《かいいち》に相談に行って、東京高商（のちの一橋大学）に關一という若手がいるというので東京までスカウトに行く。大正3年（1914）、關一が41歳のとき大阪駅に降り立つところから新たなドラマが始まります。ちなみに池上四郎の孫が京都大学名誉教授の池上惇さんです。

關は当代一流の社会学者でした。關が助役から市長になった翌年、大阪は周辺の西成あたりを大合併して大大阪時代となり、工業生産額も関東大震災の影響があった東京市を抜いて第1位となる。それが大正13年（1924）のことです。その頃關は「上を見て煙突から出る煙の多さを見て喜ぶよりも足元を見ろ。足元は二つある。一つは実際の大阪市民の生活、もう一つは文化だ」と言っています。

河内　慧眼ですね。

河合　關は大阪のど真ん中に御堂筋をつくりました。大阪の人々は飛行場の滑走路でもつくるのかと文句を言ったほどで、關も日記で嘆いていますが、現代の科学技術を使いながら両御堂をつなぐ御堂筋という形で再び御堂のネーミングを定着させた。また中之島を再建したり、昭和天皇即位のタイミングをうまく使って陸軍と交渉して大阪城を市民の手に取り戻し、昭和6年（1931）に天守閣を再建します。

そのときに關が主張していたのは緑化政策の重要性なんです。亀井先生がおっしゃっていたように大阪城の緑をいままで誰も調べてなかったというのも驚きですが、關があのときに言っていた緑の問題が忘れ去られてきた戦後の都市形成の問題を孕んで、その調査を追手門学院がやったということは關の時代とつながるなと思いましたね。

關は昭和8年（1933）に大阪市立大学をつくりますが、これが大阪の悲願だと彼はよく知っていたんですね。江戸時代の歴史から含めば学問の町だったはずの大阪がいつのまにか消えてしまっていることを關は知っていた。東京高商を国立大学へ格上げするときにも経験していたので、大阪の都市格をつくる上で、大学の役割が大きく、しかもそれは地域に根差した大学だと、彼は『大大阪』で書いています。

關一は大正3年（1914）に助役で来て、昭和10年（1935）に現職市長のまま亡くなります。21年間現職でした。

山本 關さんが助役になり御堂筋を拡大して地下鉄をつくった。大阪の緑地計画は昭和16年（1941）頃に出てきます。

河合 戦時体制で潰れるんですね。

山本 そういう優れた方向性を持っていた市長がいたのに、梅田のキタ第2期工事であぁいう発想しか出てこない。關さんの持っていた発想を活かせていない。

河合 やはり「戦前・戦後の断絶」があったんですね。

中嶋 いまでこそ環境や自然と言うけれども戦後は高度経済成長一辺倒だったわけで、關さんの先見の明は凄い。

河内 それでも、昭和30年代から大阪城公園を整備していきますから、緑化への思いは大阪人の心にあったと思います。砲兵工廠の後があれだけ緑地になったのだから、これは一応頑張ったとは言えるのではないですか。

斉藤 追手門学院大学地域文化創造機構とサントリー文化財団と関西経済同友会で、昨年（2013）に5回、『都市の再生　みどりと文化を考える』をやりました。

基本には経済という重要なものが一つあって、これを無視することはできない。もう一つは生活なのか文化なのかというところですが、経済と文化はまさに車の両輪であって、両方なくてはならない。都市の中の緑は間違いなく必要ですが、ずるく考えると、緑は経済を拡大させる一つの要素にもなりうる。ボストンやソウルの清渓川の再開発もそうだし、水や緑が市場に大きな富を産んでいることを考えるなら、経済にとっても生活にとってもプラス、両立すると思うんですよ。

なんで戦後の大阪がそうならなかったのか。大阪平野は東京なんかに比べて非常に狭い。「土地一升、金一升」と言って、余裕のあるビルが大阪にはないんですね。目いっぱいの容積率、建蔽率を使ってビルを建ててしまう土地柄がある。

それが大阪人の本来持っているDNAかというのは異論があると思います。關一の孫の關淳一さんが市長になって、落選する前の選挙のとき、梅田北ヤードの再開発についての私の質問に対し、「私は水と緑をやります」と、大阪のプレスクラブという公式の記者会見の席上で答えた。

彼はやると言ったけれども、部下は誰も付いて来なかった。あえなく落選してしまっているでしょ。

河内　これはオフレコだけれども、大阪市を駄目にしたのは組合だとよく言われるのはその通りですけど、それだけじゃなく、京都大学出身の土木の連中が大阪の町を駄目にしちゃったんですよ。この10年、20年の間に数千億円失敗しているんです。

土木の人たちには物を造りたいという習性のようなものがあるんですよね。それで採算性には関係なく、どんどこ……税金だから。

中嶋　田中角栄の時代は土木が中心でした。

斉藤　だけど、なんで大阪だけ失敗が目立つかということです。

河内　大阪は各局がふつうの市役所くらいの予算を持てることもあって、市制100年のときに各局が巨大なハコを造りたがり、無駄なものが山のようにできてしまった。

河合　それだけ東京への対抗意識って凄かったんでしょう。終戦直後から分権の議論が一番早かったのは大阪の経済界ですよ。

戦前の自治体の長として關さんのような人は特異で、例外だからこそ僕らは普遍化しないといけない。彼に目を付けて呼んできた池上四郎も偉いし、なんだかんだ言いながら大阪の人々は彼を受け容れた。彼の呼びかけで大阪城も含めほとんどが寄付でできた。あれだけ批判されながらもね。

彼はブレーンをいっぱい集めているんです。岡潔や池田宏とか「革新官僚」と呼ばれていた人々を集めています。英知を集めているんですよ。その中に戦後引き継いでいくべきものがあったんじゃなかろうか。

斉藤　残念ながら戦後の大阪市長は歴代助役上がりで、中之島一家を形成し、自分たちの利益を太らした。それが今日に引き継がれて、変えようと思ってもなかなか変えられない。

河内　關淳一さんの場合は、もともとドクターの出身で、招かれて助役になりました。市政改革を本気でやろうとしたら、やっぱり組合に潰されましたね。

河合　お孫さんが親から引き継いだ蔵から『關一日記』が見つかったんですよ。調べていたら、關一は明治6年（1873）生まれで、小林一三と同じ年なんですね。

上町学の締めくくりから次への展開を考える上で僕が勝手に思い込んでいるのは、關一と小林一三なんです。上町台地から北摂へとつながる、この2人の人物を起点にしたらどうかなという思いがあります。推測の域ですけど。

小林一三は山梨の出身で、東京の経済界で旗を揚げて大阪へ来ますが、田園都市構想みたいな考え方は相通じます。ただし、關一をいろいろ読んでいても、小林一三との交わり、接点は、私はまだ本格的には見つけられていません。

中嶋　文化についてもそうですけど、2人とも計画的なところがありますよね。都市計画というところが。

山本　ハワードの田園都市論の影響を2人とも受けているんですよね。

河合　当時の内務官僚の若手たちが田園都市についての本を出しています。

中嶋　お2人のやったことは関西にとってとても大きいですね。

河合　關は市長のまま亡くなりますが、小林一三は国会まで行きます。

河内　大臣を2回やっています。小林一三は30歳半ばまで三井銀行に勤めて、北浜銀行の頭取だった慶應の先輩、岩下清周が大阪へ引っ張ってくるんですよね。

河合　引っ張られたことは關と似ています。よそ者だからこそ新鮮に大阪を見られた。京都もそうですからね。

河内　朝日新聞を創業した村山龍平も三重県の出身です。

斉藤　五代友厚だって九州ですよね。

河合　一応、昨年度で上町学を終了したわけですけど、いったん区切りをつけた上で新たな展開をどうするかを真剣に考えなければならない。僕は北摂とどうつなぐかを含めて考えたらどうかなと思っています。

大阪城と難波宮

中嶋　産経新聞に長期間連載したのを本にした『上町学　再発見・古都おおさか』を改めて読んだら非常に重要な発見があり、特に面白かったのは、第1回上町再発見講座で有栖川有栖さんが言った「大阪城はセクシーだ」です（笑）。

大阪城をセクシーと言い出したのは初めてじゃないかな。建物として美しいところは確かにありますからね。今年は冬の陣から400年記念でもあるし、もっと大阪城は活性化できるんじゃないでしょうか。建造物としても凄いから世界遺産にもなってほしい。

山本　昔の大阪城の写真が残っているじゃないですか。櫓《やぐら》もいまは乾櫓《いぬいやぐら》とか千貫櫓とか少ししか残っていないけれど、もう一度造り直したらどうでしょう。いまは何もなく石垣の上が平らになっているところには、回廊がずっとあって櫓につながっている写真が残っています。そういう形で再建してくれたらよいのになと。

中嶋　万城目学さん原作の映画『プリンセス　トヨトミ』にも大阪城が出てくるけれど、大阪城の再建というのは大胆な案で面白い。

河内　難波宮の大極殿をせめてフォルムだけでも再現しては――という議論も以前からあります。平城京の朱雀門にしたって、十数年前の再建なのに、もういかにも世界遺産というような顔をしているでしょう。

中嶋　大阪城の傍にある難波宮が草茫々で何もないというのはもったいない。

河合　それは何でなんですか？　摩訶不思議で。長岡京なんか本当にちょっとの間でしょう。でも何か言ってますものね。

河内　大津京も諸説あるらしいけど堂々と主張しています。

中嶋　大阪城を再建するときに市民がものすごく金を出したのは、太閤さんのお城という大阪のシンボルとしてだったけれど、難波宮は残念ながらまだそこまでいかない。場所は良いですけどね。

河内　この際、難波宮の復元を提言としてはっきり打ち出してみてはどうでしょう。

山本　高速道路をまず何とかしなくては。あそこで分断されているでしょう。

河内　それにしても、大阪市立大学がなかったら山根徳太郎という考古学者は来なかったわけで、難波宮の発掘はされてなかったかもしれない。大学の存在って大きいですね。

大河ドラマの舞台

中嶋　いまは日本人より外国人のほうが観光客も多いわけですから、難波宮も含めて金を掛ける値打ちはあると思うんです。太閤さんの城というだけで維持されてきたところがありますけど、大大阪のときに天守閣を再建したのは、大阪人に力を与えるという意味合いもあったでしょう。世界的な建造物だし、観光客とか日本人にも刺激を与えるような仕掛けがほしい。敷地としても広大だから、もっと活用したらよい。

斉藤　大阪市の平成26年度（２０１４年度）の予算書によると「パークマネージメントオーガニゼーション」といって民間に入札して任せるらしいですよ。いままでの発想と違った使い方ができるかもしれない。市長は「レッドブル（モトクロス競技大会）」をやると言っているんでしょう。

河内　再来年（２０１６）の大河ドラマは『真田丸』に決まりました。

斉藤　大坂落城４００年のイベントって、お祭りになるんですか？　勝っていたらカッコ良いけれど、負けた戦いをバネにどうやって物語を組み立てるのかと。

河合　初めて本格的に真田が取り上げられるわけですが、大河ドラマの影響というのは大きいです。長野県の松代と上田市がＮＰＯとかで7、8年ずっと運動していました。上町学で積み上げてきたものをいまの状況と切り結んで、どう提案するかが大事です。今年は宝塚１００周年ですから、上町学と阪急文化の広がりみたいなのもできたら……。

河内　真田山や三光神社にも観光客が来るようになればね。あのへんも上町台地ならではの歴史ゾーンです。

亀井　難波宮・大阪城・四天王寺……点ごとではなく面として流れがうまくつながれば。

生玉さんも、もっと見直されてよい。なんで大阪人は生玉さんを大事にしないのかな。

四天王寺さんも、江戸時代から浅草寺なんかよりはるかに集客力はありました。なにしろ日本に仏教をもたらしたところですから。大阪の一番の宗教的な熱気が四天王寺さんにあってよいはずなのに……。

河内　境内は小ぶりでも大阪天満宮が頑張っています。北側を上方落語の定席「繁昌亭」に提供しましたし、20年前にはオーストラリアのブリスベンで天神祭を敢行しました。史上初の海外公演でした。プロデューサー的手腕が寺井種伯《たねのり》宮司にはあるんでしょう。

河合　お寺さんでも神社でも企画力・プロデュース力が大事ですよね。歴史を掘り起こしても、それを人に訴える力がないと宝物にならないですもんね。

オールドタウンの再発見

斉藤　去年（2013）、同友会でパリとリヨンへミッションを出しましたが、パリに行った委員長の話によると、あちらでは外国人が喜びそうなプログラムは何かというところからマーケティングを始めるんだそうです。「大阪は宝の山だよね」と知ってはいても「来ないほうが悪いよね」と言ってしまっては始まらない。これをどういう風に活かしたら外国人が喜ぶのかという知恵を考え出さないといけない。

委員長によると、黒門市場に行くと非常に面白いと外国人が言うそうですね。店のほうで中国語やハングルや英語のカードを持っていろいろやっていて、言葉がわかるか知らないけど外国人もその掛け合いみたいなものを楽しんでいるんですって。私の知っている黒門市場は夜に行ったら酒と魚を食わせる店があるという程度ですけど、いまはまったく様変わりなんです。もしかして、それが外国人の求めているものなら、大阪全体に広げていけばよい。

中嶋　東京の築地も人気なんでしょう。

斉藤　セリの掛合いの面白さとか。

中嶋　仲買が観光の対象になるなんて、かつては考えられなかった。

河内　それが生きている文化ということなんでしょう。

斉藤　いま、大阪で外国人の行く場所というと。中崎町へは結構行くと言いますね。古い町家が喫茶店や駄菓子屋になっていますが、上町の空堀だって同じ状況です。そういう人たちが遊戯できる仕掛けを考えなければいけない。マーケティングが大切ですね。誰がやるか。

河合　アジアの各都市が急成長する中、大阪はどういう位置なのかというときに、ここらで発想の転換をして、中崎や空堀や黒門のよさとか、歴史の掘り起しをね。

山本　大阪城へ来る観光客は、たいていの場合、観光バスでどかっと来て、見て、また別のところへどかっと行く。

黒門や中崎や空堀へはバスで行くわけじゃない。自分で歩いて景観を楽しむわけです。一軒一軒、人と関わりながら交渉していったりするのが魅力なのかなと思うんですね。

斉藤　パリはパリ人のライフスタイルを見せて売っています。そういうことが日本でもできないのかということです。

河合　都市に住む人々の生活をまるごと受け容れる。地元の日常が人々を癒すというか。

「場所」のホスピタリティ

河合　大阪城もリピーターが来れるようになれるかどうかですね。大阪城の来場は年間120万人くらいですか。少ないですね。

山本　何回も行こうという気にならない。

中嶋　桜の季節のときは行きますけれど、もったいない気がします。

斉藤　いま、名古屋城で天守閣じゃないほうの平屋みたいなのを再建しようとしていますね。

河合　名古屋城から少し離れていますが、徳川美術館が最近人気ですね。

河内　徳川美術館は20年ほど前に大々的にリニューアルしてかなり人が来るようになりましたが、京阪神の近郊では、土・日曜に丹波篠山に行くと、凄い人出です。武家屋敷町、商人の町家群、野外能舞台……既存の町並みのリニューアルに成功して回遊性が生まれたからです。先日、闞淳一ご夫婦にもバッタリ会いました。

大阪でもたとえばリーガロイヤルホテルに泊まる客が、ホテル内で食事するだけでは退屈で、福島の路地裏の店で食べてみたいとかいう気持ちになるのは自然なことですよね。

山本　山本哲士さんの論文『場所ホスピタリティの観光学：ホスピタリティ・ツーリズムの設計へ』を読むと、それぞれの場所が持っている魅力自体が既におもてなしになっているとある。それはたぶんバスでドカッと行くようなものではない。

黒門とかは独特の雰囲気があって、人との関係もちゃんと取れるという意味で、場所そのものがホスピタリティ性を持っていますが、大阪城にはそうした魅力がない。

河内　9年前に「なにわ百年町」というのを西の丸の堀の外側でやりました。江戸時代の大坂の町を再現するという趣向で話題になったんですが、あれがもっと成功していたら――。

中嶋　やっぱりプロデューサー的な人材が大切ですね。

河内　それを堺屋太一だと錯覚する人がまだいるんです。既存のオールドタウンに付加価値を注入していく発想が必要なのに、やたら博覧会をやりがたり、パビリオンを造りたがる。

中嶋　いままでの成長時代とは違う、成熟社会における旅のあり方がね。

河内　天六の「住まいのミュージアム」では和服を着せてくれて写真も撮ってくれるというんで、朝から観光客の行列ができていると谷直樹館長がおっしゃっています。そういうことに大阪もやっと気が付いた。

中嶋　大阪城も、外国人やよそから連れてきた人が「これが大阪城だ」という視点があってよい。

山本　実際、空堀でも中崎でも外から人が来ているじゃないですか。空堀は六波羅雅一さんなんかが入って町家を改修し、いろいろやっているうちに人が勝手に集まってきた。

河内　谷さんがおっしゃっていたけれど、江戸時代の大坂は桃谷とか町の中に人工の自然を造るのがうまかったそうです。

亀井　そういう名所があるからね。虫の声を聞くとか昔の風流がいまはない。彦根城では虫の音を聞く会をやっています。大阪城も虫の音を聞いてお月さんを見ようかという催しがあってもよいとおっしゃっていましたね。

中嶋　亀井さんが大阪城プロジェクトをやられたとき、全部掃除して掃くから、昆虫とか棲息しにくいとおっしゃっていましたね。

亀井　都市の自然を考えるとき一番の問題は、造園屋さんの自然ではなく、生き物の目線と都市生活者の美意識のバランスをどう取るかです。「都市生活者と生き物」の視点が大事で、鳥や虫の視点だけで緑をつくる必要もないけど、いまは掃除しすぎて土地が乾いているので、もう少し放ったらかしにしておくエリアをつくるとか——。

観光財としての食

中嶋　上町再発見講座とかコラムの中では、奥村彪生さんの本願寺時代の食の話が感動的だった。戦国時代から近世初頭にかけての大阪の食を、かなり実証的にね。

山本　庶民がちゃんと食えていなかったのにこいつら何食うとったんやと気になったんですけど、昆布と水の話はなるほどなと思いました。

中嶋　こういうこと調べている人、いまはいないんじゃないですかね。

亀井　東京には和食の代表ともいえる食文化が江戸時代に発達しました。江戸湾の江戸前寿司、鰻、天ぷら、佃煮、浅草海苔という五大食文化が江戸にはあるのに、江戸時代中期から後期以降、大阪は食い倒れの町というイメージは全然ないんです。いろいろんな人に訊いても、これというのを答えない。私は魚すき鍋だと思っているんですけれど、外国人に紹介できる料理文化として大阪に何があるのか？

河内　まあ昆布系でしょう。芝居を観に行くときに持っていく箱寿司とか。

船場商人は普段は質素で、何かのときの料亭料理は早くから発達しました。日本最古の料亭は上町台地にあった「浮瀬亭《うかむせ》」ですから。

亀井　外国人観光客向けに提案できる大阪の食文化があれば――。

河内　あるレベル以上で外国人に紹介しやすいメニューをつくり直さないといけない。

斉藤　同友会に食文化プロデュース委員会というのがあるんですよ。

河内　それと、抹茶は京都のイメージが強いけど、煎茶は大阪や阪神間が本場と言ってもよいくらいなんですけど、これもあまり知られていない。

文教都市・上町

中嶋　林家染丸さんが言うように、落語のネタでもいろいろな材料がありますよね。歴史的には本当にいろいろなものがあるけど、我々の生きている現代の仕掛けも大事かなと思います。

文教都市としての部分はいまの上町にも残っていますから、これを将来へ向けて活用する場所にしたらよいと思います。

山本　上町台地には寺がいっぱいあるから、寺子屋の歴史が文教都市の形成につながっていたんだろうという発想で以前原稿を書きましたけど、よくよく調べたら、上町台地上にはあんまり寺子屋はなくて船場とかにあったんですね。

明治になって大阪城内に大阪鎮台本営が設置されると軍関係の学校ができてくるし、川口の居留地や、さらに堺のほうからも学校が移転してきて、だんだん文教地区になっていったという歴史の経緯があります。

環境も良いし、文教地区として評価されてよいところに追手門学院があるということを、うちの先生にもっと知ってもらいたい。上町学プロジェクトは終わったとしても、うちの小・中・高校の先生がここにあることの意味を子どもたちに伝えるとか、自分も関心を持つとかしてくれなかったら、何のためにここまでやってきたんだという思いがあります。
中嶋　有栖川さんもここは住みやすいとおっしゃっていました。静かで、歴史もあるから。
河内　上町台地へ移住してきた作家に後藤明生《めいせい》がいます。近畿大学の教授になったことがきっかけですけど。法円坂のファミーユ難波宮とかいう名のマンションに住んでいました。
中嶋　上町学をやり始めて、特に亀井先生と山本先生は感じているでしょうけど、民間のＮＰＯとか商店街とかいろいろな団体がたくさんあっても、ある種の交流性とか統合性がないせいか、目的がスッキリしない。大阪城の夏のフェスティバルでも、寄合いになるから散漫になってしまう。
　学校でも市民でも共同でやっていける部分があるじゃないですか、そういう意味でのマネジメントやプロデュースが重要になっていくと思うんです。
山本　ほかのところよりはこっちのほうがましだと思いますよ。マイルドＨＯＰＥゾーン協議会みたいなものを10年期限で各地につくり、そこで個別に活動している団体が緩やかに集まって何かをしようとしています。本当は期限を切らずにやって欲しかったんですけど。
　せっかく点のように活動している団体があるのだから、マイルドＨＯＰＥゾーン協議会のようなものが緩やかに面みたいな形でいくつもつながってネットワークができていくというのが理想です。それをコーディネートする人がいないですね。
斉藤　マイルドＨＯＰＥゾーン協議会には、行政が力を入れてくれているというだけでなく、発足当時、日本政策投資銀行に熱心な人がいました。各区役所にだいたい市民協働課というのがあって、区の中の団体を集める役割を担っています。そういうところに問題意識の高い人を配置して民間に対応していくような努力をしないと、民だけではなかなか難しいんじゃないですかね。

亀井　マイルドＨＯＰＥゾーン協議会は大阪市が窓口になっていますが、上町台地マイルドＨＯＰＥゾーン協議会はあと2年なんです。行政が外れると個々にバラバラになってしまうのがもったいない。

マイルドＨＯＰＥゾーン協議会が築いてきた地域の受け容れ態勢と、上町学をやってきた追手門学院のような大学などの連携ができればよいと。

河合　いまの行政には中長期的なスパンでものを見られなくなっている面があって、政治の劣化、行政の劣化が激しい。行政には期待しつつ全面的には頼らないほうがよいと思います。行政もそこに関わらざるを得ない状況をどこの誰がつくるか。

現代のコーディネート役を果たす一つは大学だと思います。市場原理の儲け話ではないところに大学が身銭を切って体を張ってコーディネート役を果たす。ここに書いてある「追手門学院は関西経済同友会と提携して追手門学院発祥の地で大阪城や難波宮跡などがある上町台地の歴史文化を再発見し、観光活性化などにつなげるよう取り組みを開始しました」に、ぴったりでしょ。

文化というのは、きちんと地域とつながり、損得勘定を捨て、長い目で見ないとできない面があるわけですよね。僕は神戸の生まれですけど、神戸のファッション業界は結構地域に根を張っています。

そういう役割を考えたときに、大学が殿様商売から脱却して地域にどう関わるか。關一は大阪市立大学をつくるとき、それを言っているんです。都市の格をどう体現するか、關は戦前の人だから科学の力とか言っていましたけど、そこにこそ自治体のつくる大学の役割があるというのが彼の思いでした。

中嶋　文化に対する一人ひとりの志、パッションが地域をつくっていくのでしょう。

これは追手門だけじゃないですけど、上町学でも茨木でも、研究のレベルや教育の場では言っても、日常的な具体的な実践に、大学の教授ってほとんど関心ない。

亀井　チラシ配るのも積極的でない。

中嶋　大阪市民で自治体に所属している人が大阪の文化に対してそういう意識があるかといったら、ないと思うんですよ。仕事でやっているだけ。

亀井　マイルドＨＯＰＥゾーン協議会は3年ぐらいでスタッフが入れ替わるけど、個人会員として残ってくれるんです。大阪市立大学にも本格的な都市研究プラザがありますよね。中崎町とか町家の研究でも、頭だけの理論じゃなく、学生たちが入っています。

山本　地域創造学のフィールドワークで学生を外に出すとき、僕にとってのフィールドは上町なので、プロジェクトが終わっても関わりは持ちますけど、マイルドＨＯＰＥゾーン協議会みたいにまとめようとかは全然思わない。個別に関わりがあるところとやろうかなと思っています。

中嶋　いまの若い学生をここでフィールドワークさせていくとしたら、何を期待しますか、あるいはこう育てたいとか――。

山本　生玉庄の小さな点だった大坂が、いつのまにかどんどん大きくなって大大阪になっちゃうわけですけど、そういう方向に拡大していく時代をこれからも生きていくのか、あるいは、小さな場所でも空堀なんかを見て、どういう生き方をしていけばよいのかを学生に考えさせてみたいという思いがあります。大阪駅北側のどかんと大きい開発もよいかもしれないけれど、そうでない部分にこれから意味があるだろうと思っています。

中嶋　自分の住んでいる地域そのものを考える対象にするというのは必要だと思います。

斉藤　追手門学院の教職員がここに開学したことを誇りに思う気持ちがあるならば、小・中学校に大阪の成り立ちだとか上町学の副読本をつくって教育してほしいなと思います。大阪のルーツみたいなのを教えるよう、ぜひ学校教育の中で教えていただきたい。

もう一つ、海上都市夢洲《ゆめしま》に統合型リゾート「アイアール」を誘致しようという構想が実現したら、おそらく数百万人の外国人が来るだろうと言われています。あの島の中だけで滞在してもらっても飽きるから、街の中心部に出てくるというときに、上町台地のようなところに誘引させる仕掛けができたらよいかな、アイディア段階でそういうこともいまから考えてみたいなと思います。

都市のブランディングをもういっぺん考えなきゃいけない。誰か志を引き継いでくれる人が現れるとよいなと思います。

河合　19、20世紀は都市が中心でした。都市が農村を吸引して引っぱっていくパターンで21世紀もいくのか。

規模の小さいところや農村が限界集落や消滅地域とレッテルを貼られたら、仕方ないなと思うか、こんちくしょーと思うしかないんですけど、そこで踏ん張って、地域の再発見だとか、あるもの探しを始めているところは全国に結構あります。そこから改めて歴史を学ぶことが大事ではないか。茨木とか見ていても危機意識が弱い。時間軸で過去の大阪の歴史から掘り起こすということと、地域の再発見という両方の軸が必要じゃなかろうか。大阪は大都市なので、都市間を横軸で学ぶことも大事だけど、もう少し視野を広めて、都市間競争ではなしに、もっと違った農村とかの関係もね。これまで大阪はモデルとして農村を引っ張ってやろうというところがあったかもしれないけど、逆転の発想が必要ではないか。

中嶋　村おこしとか田舎の活性化には、むしろ田舎を知らない都市出身の若者がコンサルをやったりしています。

河合　都市から行ったコンサルにはやはり限界がある。やっぱり地元の人ですよ。そこの人が動かないと。

中嶋　地元の人だけではあかんと思う。

河合　外からの刺激、よそ者の刺激や発想は大事だけれど。最終的には地元です。上からボンと言っても長続きしない。

河内　オールドタウンの再付加価値化というのが私の最大のテーマなんです。バブル時代以降、花博、ＵＳＪ、オリンピック……そんな中でオールドタウンの付加価値化を言い続けてきました。お金のなくなったときだけ行政も企業も若干共感するけど、ちょっと懐が潤うと、一過性の大型イベントや巨大な施設づくりに逆戻りする。でも、若者たちが空堀とか中崎町でオールドタウンの魅力を既に証明しています。

中嶋　追手門学院も１２０年続いていることだけでは意味がないので、それにどう付加価値を付けるか。

河内　神戸も市役所の土木が単純な発想でいろいろハコを造ったけど、人が来ているのは結局、北野町とか南京町とか有馬温泉といったオールドタウンです。

河合　北野町も高度成長期はラブホテル街になりかかっていた。ほとんど潰されかかったところを止めたから、いまの北野があるので。

河内　観光化を嫌がる人もいるけれど、観光化していなかったら役所の再開発で街自体なくなっていました。

中華街も戦後は外人バー街みたいになっていたのを、あらたに中華の門を付けたりして再生させました。キセルの手法と私は呼んでいますが、過去の歴史に実体があれば、途中で空白があっても、そう見えてくるものです。千里に新中華街をつくっても由緒がないから駄目なんですよ。有難みがない。葵祭の斎王代《さいおうだい》なんかも昭和31年の創設で、それでも千年の祭とか謳うから、昔からあったと思っている観光客が多い。

中嶋　平安神宮でも千年の歴史があると思っているけれど、嘘だから。

河内　完全に近代の産物ですものね。それを由緒あるように見せるのが古都の悪知恵というものですよ。（笑）

あとがき

本書は、5年あまりの上町学プロジェクトの活動から誕生した2冊目の書物であるが、前回同様、多くの方々の協力があって初めて誕生したものである。「上町再発見講座」に登壇してくださった方々には、特に、お礼を申し上げたい。

プロジェクト委員の日程調整をはじめ、裏方として尽力していただいた株式会社ウエイヴインターナショナルの大西彩子さんにもお礼を申し上げたい。また、『上町学 再発見・古都おおさか』に続き、本書の意をくんで素敵な表紙・カバーのデザインをしてくださった半田優子さんにもお礼を申し上げたい。

上町学プロジェクトの活動に携わることによって、歴史と文化が漂う多くの場所と出会い、多くの人々と出会うことができた。こうした出会いは、プロジェクトに携わった委員一人ひとりにとっては貴重な体験になった。しかし、教育機関である以上、プロジェクトの成果は教育に反映させなければならないと考えている。2015年4月に開設する「地域創造学部」には「大阪学・上町学」という授業科目を設置しているので、今後も、大学外の様々な方々とのつながりを大事にしながら、プロジェクトの成果をこの授業科目を中心に教育に反映していく所存である。

なお、本書の出版に当たっては「２０１４年度追手門学院大学教育・研究活動成果刊行助成金」の助成を受けた。また、編集に関しては、丸善プラネット株式会社の坂本真一氏をはじめ多くの方に大変お世話になった。ここに記して感謝の意を表したい。

山本　博史

編者紹介

追手門学院大学　上町学プロジェクト

関西経済同友会と提携して2008年12月から2014年3月まで実施。
学院発祥の地である上町台地の魅力を「古都おおさか」をキーワードに再発見し、『上町再発見講座（全13回）』の実施、産経新聞に上町をテーマとしたコラムを連載（50回）、講演・対談録や連載を纏めた『上町学 再発見・古都おおさか』の上梓（2011年4月）など、様々な形でその魅力を発信してきた。

上町学を創造する　よみがえる古都おおさか

2015年3月30日初版発行

編　者　追手門学院大学　上町学プロジェクト

発行所　追手門学院大学出版会
〒567-8502
大阪府茨木市西威2-1-15
電話（072）641-7749
http://www.otemon.ac.jp/

発行所　丸善出版株式会社
〒101-0051
東京都千代田区神田神保町2-17
電話（03）3512-3256
http://pub.maruzen.co.jp

編集・制作協力　丸善株式会社

組版／株式会社明昌堂
印刷・製本／大日本印刷株式会社
ISBN　978-4-907574-10-9　C0021